Réussir le BREVET

Spécial entraînement

3e

Français

Isabelle de LISLE
Agrégée de Lettres
Professeur en collège

hachette
ÉDUCATION

Sommaire

Conception graphique
Couverture : Stéphanie Benoit
Intérieur : Mélissa Chalot
Mise en pages : Mediamax
Illustrations : Ancelotte

I.S.B.N. 978-2-01-708121-0

www.hachette-education.com

Conjugaison

Lecture et écriture

Mode d'emploi

Cet ouvrage a été conçu pour t'accompagner tout au long de l'année et t'aider à maîtriser tous les points du programme.

Les tests de connaissances

Au début de chaque partie, des tests préliminaires te permettent de savoir où tu en es de tes connaissances.

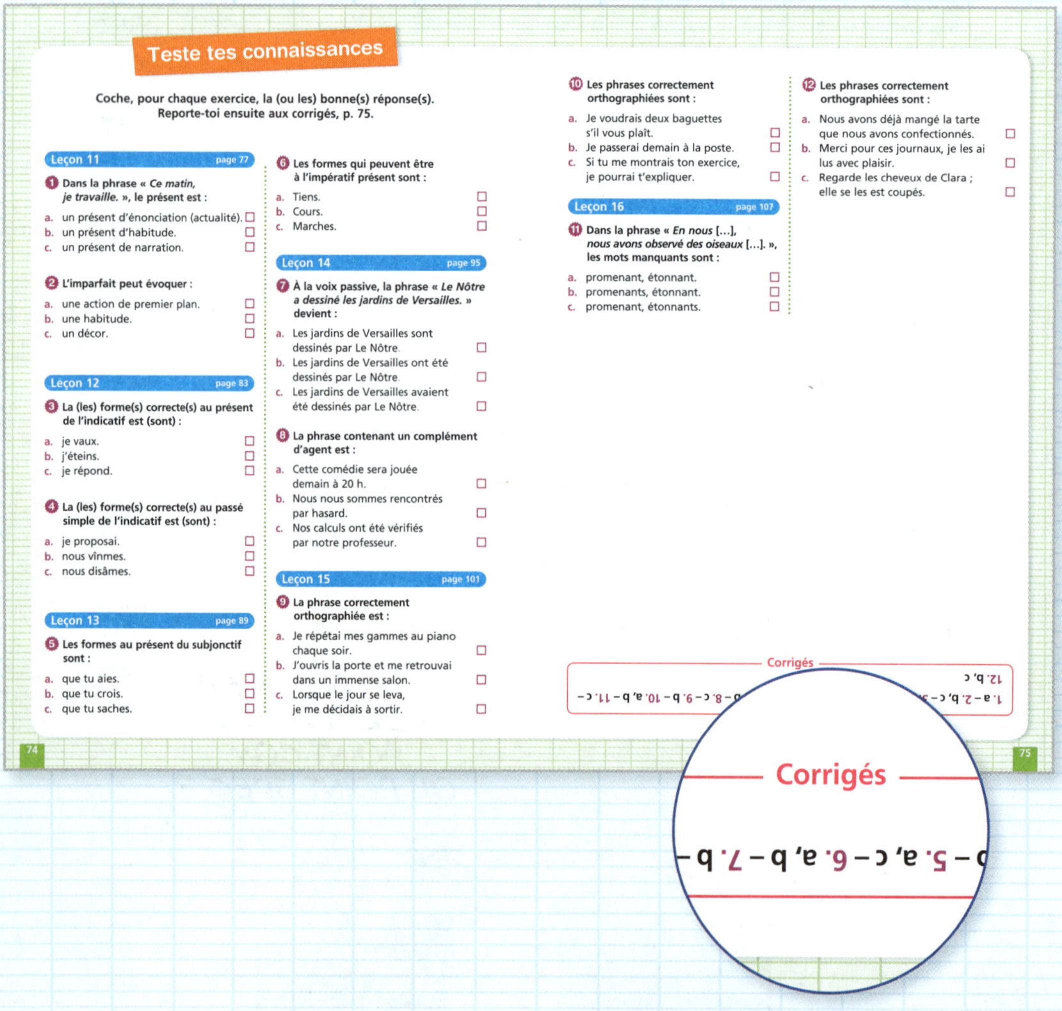
Teste tes connaissances

Coche, pour chaque exercice, la (ou les) bonne(s) réponse(s). Reporte-toi ensuite aux corrigés, p. 75.

Leçon 11 page 77

1 Dans la phrase « *Ce matin, je travaille.* », le présent est :
a. un présent d'énonciation (actualité). ☐
b. un présent d'habitude. ☐
c. un présent de narration. ☐

2 L'imparfait peut évoquer :
a. une action de premier plan. ☐
b. une habitude. ☐
c. un décor. ☐

Leçon 12 page 83

3 La (les) forme(s) correcte(s) au présent de l'indicatif est (sont) :
a. je vaux. ☐
b. j'éteins. ☐
c. je répond. ☐

4 La (les) forme(s) correcte(s) au passé simple de l'indicatif est (sont) :
a. je proposai. ☐
b. nous vînmes. ☐
c. nous disâmes. ☐

Leçon 13 page 89

5 Les formes au présent du subjonctif sont :
a. que tu aies. ☐
b. que tu crois. ☐
c. que tu saches. ☐

6 Les formes qui peuvent être à l'impératif présent sont :
a. Tiens. ☐
b. Cours. ☐
c. Marches. ☐

Leçon 14 page 95

7 À la voix passive, la phrase « *Le Nôtre a dessiné les jardins de Versailles.* » devient :
a. Les jardins de Versailles sont dessinés par Le Nôtre. ☐
b. Les jardins de Versailles ont été dessinés par Le Nôtre. ☐
c. Les jardins de Versailles avaient été dessinés par Le Nôtre. ☐

8 La phrase contenant un complément d'agent est :
a. Cette comédie sera jouée demain à 20 h. ☐
b. Nous nous sommes rencontrés par hasard. ☐
c. Nos calculs ont été vérifiés par notre professeur. ☐

Leçon 15 page 101

9 La phrase correctement orthographiée est :
a. Je répétai mes gammes au piano chaque soir. ☐
b. J'ouvris la porte et me retrouvai dans un immense salon. ☐
c. Lorsque le jour se leva, je me décidais à sortir. ☐

10 Les phrases correctement orthographiées sont :
a. Je voudrais deux baguettes s'il vous plaît. ☐
b. Je passerai demain à la poste. ☐
c. Si tu me montrais ton exercice, je pourrai t'expliquer. ☐

Leçon 16 page 107

11 Dans la phrase « *En nous* [...], *nous avons observé des oiseaux* [...]. », les mots manquants sont :
a. promenant, étonnant. ☐
b. promenants, étonnant. ☐
c. promenant, étonnants. ☐

12 Les phrases correctement orthographiées sont :
a. Nous avons déjà mangé la tarte que nous avons confectionnés. ☐
b. Merci pour ces journaux, je les ai lus avec plaisir. ☐
c. Regarde les cheveux de Clara ; elle se les est coupés. ☐

Corrigés

1. a – 2. b, c – ... – 8. c – 9. b – 10. a, b – 11. c – 12. b, c

74 75

Corrigés

– 5. a, c – 6. a, b – 7. b –

Tu vérifies tes réponses dans les corrigés. Tu peux ainsi travailler en priorité les leçons où tu as fait le plus d'erreurs.

Les leçons

Lis attentivement le cours et retiens particulièrement ce qui est surligné en jaune.

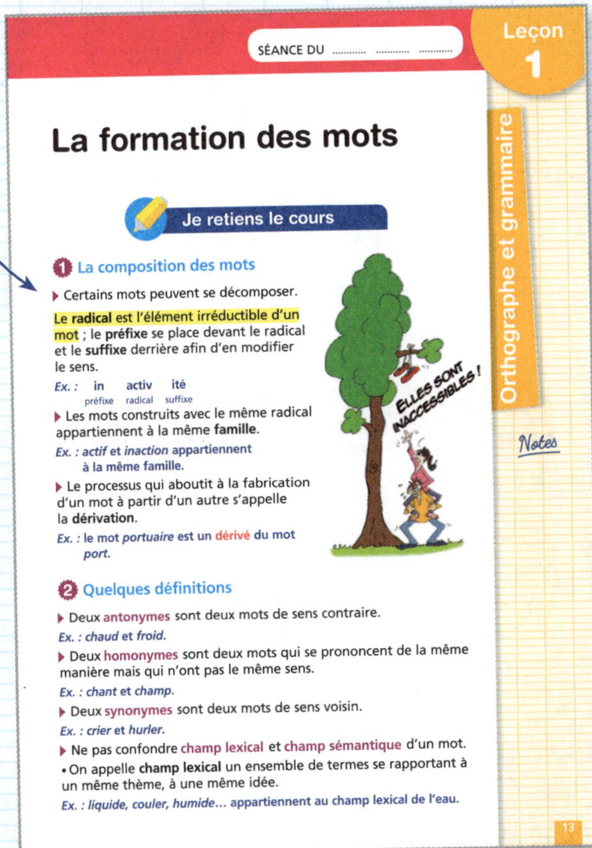
SÉANCE DU ....

Leçon 1

Orthographe et grammaire

La formation des mots

Je retiens le cours

1 La composition des mots

▶ Certains mots peuvent se décomposer.

Le radical est l'élément irréductible d'un mot ; le **préfixe** se place devant le radical et le **suffixe** derrière afin d'en modifier le sens.

Ex. : in (préfixe) activ (radical) ité (suffixe)

▶ Les mots construits avec le même radical appartiennent à la même **famille**.

Ex. : actif et *inaction* appartiennent à la même famille.

▶ Le processus qui aboutit à la fabrication d'un mot à partir d'un autre s'appelle la **dérivation**.

Ex. : le mot *portuaire* est un dérivé du mot *port*.

2 Quelques définitions

▶ Deux antonymes sont deux mots de sens contraire.

Ex. : chaud et *froid.*

▶ Deux homonymes sont deux mots qui se prononcent de la même manière mais qui n'ont pas le même sens.

Ex. : chant et *champ.*

▶ Deux synonymes sont deux mots de sens voisin.

Ex. : crier et *hurler.*

▶ Ne pas confondre champ lexical et champ sémantique d'un mot.

• On appelle **champ lexical** un ensemble de termes se rapportant à un même thème, à une même idée.

Ex. : liquide, couler, humide… appartiennent au champ lexical de l'eau.

Notes

13

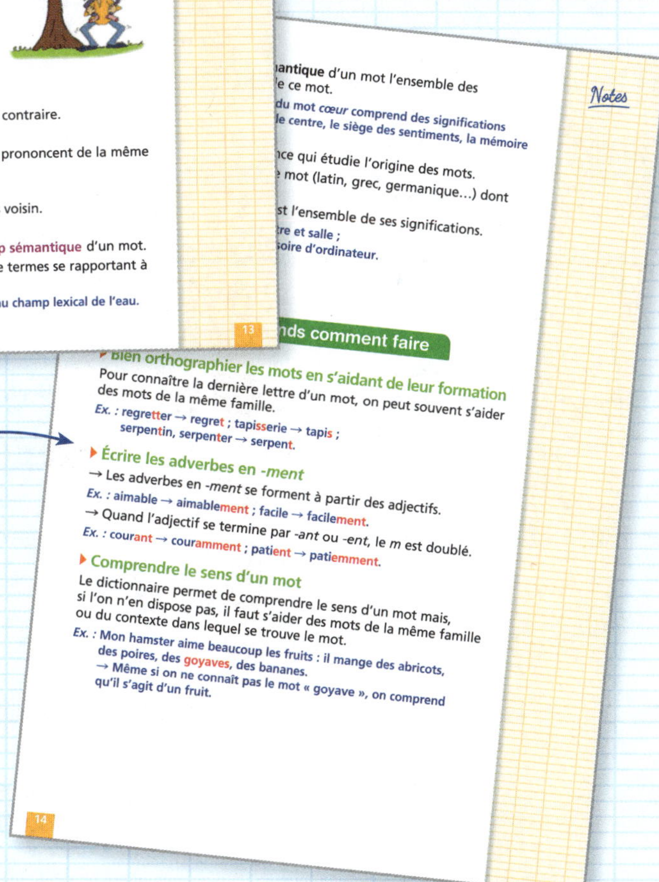
…antique d'un mot l'ensemble des …e ce mot.

…du mot *cœur* comprend des significations …le centre, le siège des sentiments, la mémoire

…ce qui étudie l'origine des mots. … mot (latin, grec, germanique…) dont

…st l'ensemble de ses significations. …re et salle ; …oire d'ordinateur.

Notes

…nds comment faire

▶ Bien orthographier les mots en s'aidant de leur formation

Pour connaître la dernière lettre d'un mot, on peut souvent s'aider des mots de la même famille.

Ex. : regretter → regret ; tapisserie → tapis ; serpentin, serpenter → serpent.

▶ Écrire les adverbes en *-ment*

→ Les adverbes en *-ment* se forment à partir des adjectifs.

Ex. : aimable → aimablement ; facile → facilement.

→ Quand l'adjectif se termine par *-ant* ou *-ent*, le *m* est doublé.

Ex. : courant → couramment ; patient → patiemment.

▶ Comprendre le sens d'un mot

Le dictionnaire permet de comprendre le sens d'un mot mais, si l'on n'en dispose pas, il faut s'aider des mots de la même famille ou du contexte dans lequel se trouve le mot.

Ex. : Mon hamster aime beaucoup les fruits : il mange des abricots, des poires, des goyaves, des bananes.
→ Même si on ne connaît pas le mot « goyave », on comprend qu'il s'agit d'un fruit.

14

Étudie les méthodes expliquées dans la rubrique « Je comprends comment faire ». Elles te seront utiles pour réussir tes exercices.

Les exercices et les corrigés

Entraîne-toi en faisant les 6 à 8 exercices de la leçon. Pratique : tu as toute la place nécessaire pour écrire directement sur le livre !

Corrigés p. 18

Je m'entraîne

Brouillon

Exercice 1

« Pourvu que ce ne soit pas une mauvaise *nouvelle*. »

a. Explique le sens du mot *nouvelle* dans cette phrase.

....

....

b. Emploie-le, avec un sens différent, dans une phrase de ton choix.

....

....

Exercice 2

Donne les noms formés à partir des verbes suivants.

a. retarder → ....

b. forcer → ....

c. comploter → ....

d. guetter → ....

Exercice 3

Donne l'antonyme des mots en ajoutant un préfixe.

a. mobile → ....

b. lisible → ....

c. réel → ....

d. connu → ....

Utilise la marge comme brouillon !

Corrigés des exercices

Exercice 1

a. Dans la phrase, le mot *nouvelle* a le sens d'*information*.
b. Une nouvelle est arrivée dans notre classe ; elle vient du Mali.

Exercice 2

a. retard. **b.** force. **c.** complot. **d.** guet.

Exercice 3

a. immobile. **b.** illisible. **c.** irréel. **d.** inconnu.

Exercice 4

a. tapisser, tapissier. **b.** acquisition. **c.** débiter, débiteur. **d.** amasser. **e.** raser.
f. draper, drapier. **g.** échafauder, échafaudage.

Exercice 5

a. *Ras (rase)*, qui s'applique à la plaine, est un synonyme de « plat ».
b. *Ancre* (Le navire est maintenu par son ancre.) et *chant* (Ce chant de Noël sera accompagné au piano.).
c. *Nuit sans étoiles, obscurité, encre, ne voyait même pas, noir, aveuglant, ténèbres.*
d. *mer – jetée – embrun.*

Exercice 6

Le mot *carte* comme les mots *déjeuner, restaurants, repas, table voisine, mousse au chocolat*, appartiennent au champ lexical du restaurant.

Exercice 7

Éclair, illuminer, lueur, flamme, étincelant, étincelle, ampoule.

Exercice 8

	Mot appartenant à la même famille	Mot appartenant au même champ lexical mais pas à la même famille
heure	horaire	minute, date, seconde, agenda, temps…
familier	famille	parent, enfant, cousin, courant, ordinaire, quotidien…
soin	soigner	médecin, infirmière, docteur, hôpital…
jour	journal	nuit, soleil, semaine, mois…
exister	existence	vie…

18

Vérifie tes réponses en consultant les corrigés qui se trouvent à la fin de chaque leçon.

LE BREVET

Le diplôme national du Brevet (DNB)

Modalités d'attribution

> Le diplôme national du Brevet (DNB) s'obtient en ajoutant deux types de résultats :

Résultats acquis durant la scolarité (maîtrise du socle commun)	**Notes obtenues aux cinq épreuves terminales de l'examen du DNB**
Total maximum de 400 points	Total maximum de 400 points

> Pour être **déclaré admis** au diplôme national du Brevet, vous devez obtenir un **minimum de 400 points**.

> Les **mentions** sont attribuées en fonction du nombre de points obtenus : + de 480 points (mention assez bien), + de 560 points (mention bien), + de 640 points (mention très bien).

L'évaluation du socle commun (400 points)

> À la fin de l'année, les professeurs évaluent vos acquis par rapport au socle commun de connaissances, de compétences et de culture qui définit ce que vous devez savoir en fin de 3ᵉ.

> Pour chacune des huit composantes du socle commun, vos professeurs attribuent :

- **10 points** en cas de maîtrise insuffisante ;
- **25 points** en cas de maîtrise fragile ;
- **40 points** en cas de maîtrise satisfaisante ;
- **50 points** en cas de très bonne maîtrise.

> Des **enseignements facultatifs** peuvent vous permettre d'obtenir jusqu'à **20 points supplémentaires**.

Les cinq épreuves finales (400 points)

> **Une épreuve orale** notée sur 100 points. Cet oral a lieu dans votre établissement, durant le dernier trimestre. Il peut être **individuel** (5 minutes d'exposé et 10 minutes d'entretien avec le jury) ou **collectif** (10 minutes d'exposé et 15 minutes d'entretien avec le jury). Cette épreuve porte sur un objet d'étude abordé dans le cadre de l'enseignement d'histoire des arts ou sur un projet mené dans le cadre d'un enseignement pratique interdisciplinaire ou des parcours éducatifs.

> **Quatre épreuves écrites distinctes** (300 points). Ces épreuves ont lieu en fin d'année scolaire, dans un centre d'examen. Elles se déroulent dans cet ordre :

- épreuve de **français** notée sur 100 points (3 heures) ;
- épreuve de **mathématiques** notée sur 100 points (2 heures) ;
- épreuve d'**histoire-géographie-enseignement moral et civique** notée sur 50 points (2 heures) ;
- épreuve de **sciences** notée sur 50 points (1 heure).

Les sujets et les modalités des épreuves écrites correspondent aux programmes du cycle 4 ou à celui de la classe de 3ᵉ lorsque le programme disciplinaire du cycle 4 le précise.

> Les candidats individuels (non scolarisés) doivent présenter, en plus, une épreuve écrite de langue vivante étrangère.

> Lors des épreuves, n'oubliez d'apporter votre **carte d'identité nationale** ou tout autre document officiel comportant une photographie afin de pouvoir prouver votre identité.

L'épreuve écrite de français

Durée de l'épreuve : 3 heures	**Notation :** 100 points

> L'épreuve prend appui sur **un texte littéraire et éventuellement une image** en rapport avec ce texte.

> L'épreuve est composée de :

1. Des questions sur le texte littéraire et, éventuellement, sur une image (50 points – 1 h 10 minutes) :

– Compréhension et compétences d'interprétation : des questions permettent d'évaluer à la fois votre compréhension du texte et votre capacité d'interprétation.

– Grammaire et compétences linguistiques : des questions et un exercice de réécriture permettent d'évaluer vos compétences linguistiques et votre maîtrise de la grammaire.

2. Une dictée (10 points – 20 minutes)

La dictée comportera environ 600 signes pour la série générale et 400 signes pour la série professionnelle.

3. Une rédaction (40 points – 1 h 30 minutes)

Un sujet de réflexion et un sujet d'imagination, au choix, vous sont proposés.

> L'épreuve écrite de français se déroule en deux parties de 1 h 30 séparées par une **pause de 15 minutes**.

> Le **dictionnaire** est autorisé pour la seconde partie de l'épreuve (rédaction).

Partie 1

Orthographe et grammaire

Teste tes connaissances

Marca

Coche, pour chaque exercice, la (ou les) bonne(s) réponse(s).
Reporte-toi ensuite aux corrigés, p. 12.

Campo semántico = campo léxico

Leçon 1 — page 13

1 Les mots *possible* et *impossible* :

a. appartiennent au même champ sémantique. ☐
b. appartiennent à la même famille. ☒
c. sont deux antonymes. ☒

2 Les mots qui font partie du champ lexical de la campagne sont :

a. terre, champ. ☒ (campo)
b. camping, campement. ☐ (campamento)
c. tracteur, brebis. ☐ (tractor, oveja)

Leçon 2 — page 19

3 Le mot correctement orthographié est :

a. nécessaire. ☒
b. nécéssaire. ☐
c. necessaire. ☐

4 Dans la phrase « […] à *Nadia, je ne crois pas* […] *vienne.* », les mots manquants sont :

a. quand, qu'elle. ☒
b. quant, qu'elle. ☐
c. quant, quelle. ☐

Leçon 3 — page 25

5 Dans la phrase « *Voici un stylo noir ; je te le prête.* », *le* est :

a. pronom. ☒
b. déterminant. ☐
c. le COD du verbe *prêter.* ☐

6 *Particulièrement* est :

a. un nom. ☐
b. un adjectif. ☐
c. un adverbe. ☒

Leçon 4 — page 31

7 Dans la phrase « *Les vacances scolaires durent deux semaines.* », *scolaires* est :

a. un adjectif. ☐
b. un complément du nom. ☐
c. l'épithète du nom *vacances.* ☐

8 Dans la phrase « *Léa est une musicienne très douée.* », *douée* est :

a. un adjectif au superlatif absolu. ☐
b. l'attribut du sujet *Léa.* ☐
c. l'épithète du nom *musicienne.* ☐

Leçon 5 — page 37

9 Dans la phrase « *Ta chanson ressemble beaucoup à une musique de Mozart.* », *de Mozart* est :

a. un COI du verbe *ressembler.* ☐
b. un attribut du sujet *ta chanson.* ☐
c. un complément du nom *musique.* ☐

10 **La (les) expression(s) correctement orthographiée(s) est (sont) :**

a. des vitraux banals. ☐
b. des carnavals originaux. ☐
c. de beaux landaux. ☐

Leçon 6 page 43

11 **Dans la phrase « *Il ne reste que deux biscuits.* », *deux biscuits* est :**

a. le COD du verbe *rester.* ☐
b. le COI du verbe *rester.* ☐
c. le sujet logique du verbe *rester.* ☐

12 **Dans la phrase « *M'as-tu rapporté mon skate ?* », *mon skate* est :**

a. le sujet du verbe *rapporter.* ☐
b. le COI du verbe *rapporter.* ☐
c. le COD du verbe *rapporter.* ☐

Leçon 7 page 49

13 **La phrase correctement orthographiée est :**

a. La famille de Manon et Tessa habitent maintenant en Italie. ☐
b. Qu'ils puissent venir nous surprendraient. ☐
c. Réussir cette compétition nous permet d'accéder au niveau académique. ☐

14 **Les phrases correctement orthographiées sont :**

a. La troupe des comédiens salue à la fin du spectacle. ☐
b. Tony, Audrey et moi ne sommes pas libres demain. ☐
c. Tout le monde admirent le talent de ces acteurs. ☐

Leçon 8 page 55

15 **« *Es-tu d'accord ?* » est :**

a. une phrase juxtaposée. ☐
b. une phrase simple. ☐
c. une proposition indépendante. ☐

16 **La phrase « *Je viendrai mais je ne resterai pas longtemps.* » est :**

a. une phrase complexe. ☐
b. une phrase composée de deux propositions indépendantes coordonnées. ☐
c. une phrase composée d'une principale et d'une subordonnée. ☐

Leçon 9 page 61

17 **Les phrases contenant une subordonnée relative sont :**

a. C'est Molière qui a écrit *L'Avare*. ☐
b. La pièce que nous étudions est une comédie. ☐
c. Le comédien dont je te parle est très connu. ☐

18 **Concernant la phrase « *C'est Pierre qui fera cet exposé.* », on peut dire que :**

a. *Pierre* est l'antécédent du pronom relatif *qui.* ☐
b. *qui fera cet exposé* est complément de l'antécédent *Pierre.* ☐
c. *qui* est le COD du verbe *fera.* ☐

Leçon 10 page 67

19 **La phrase « *Mon téléphone est déchargé si bien que je n'ai pas reçu ton message.* » contient :**

a. une subordonnée de cause. ☐
b. une subordonnée de conséquence. ☐
c. une subordonnée de temps. ☐

20 **La (les) phrase(s) contenant une interrogative indirecte est (sont) :**

a. Inès, qui a été interrogée, a eu une bonne note. ☐
b. Je me demande qui sera interrogé en histoire. ☐
c. Où est passée ma gomme ? ☐

Corrigés

1. a, b, c – 2. a, c – 3. a – 4. b – 5. a, c – 6. c – 7. a, c – 8. a, c – 9. c – 10. a, b – 11. c – 12. c – 13. c – 14. a, b – 15. b, c – 16. a, b – 17. a, b, c – 18. a, b – 19. b – 20. b

La formation des mots

Je retiens le cours

1 La composition des mots

▶ Certains mots peuvent se décomposer. Le **radical** est l'élément irréductible d'un mot ; le **préfixe** se place devant le radical et le **suffixe** derrière afin d'en modifier le sens.

Ex. : **in** (préfixe) **activ** (radical) **ité** (suffixe)

▶ Les mots construits avec le même radical appartiennent à la même **famille**.

Ex. : actif **et** ***inaction*** **appartiennent à la même famille.**

▶ Le processus qui aboutit à la fabrication d'un mot à partir d'un autre s'appelle la **dérivation**.

Ex. : **le mot** ***portuaire*** **est un dérivé du mot** ***port.***

2 Quelques définitions

▶ Deux **antonymes** sont deux mots de sens contraire.

Ex. : chaud **et** ***froid.***

▶ Deux **homonymes** sont deux mots qui se prononcent de la même manière mais qui n'ont pas le même sens.

Ex. : chant **et** ***champ.***

▶ Deux **synonymes** sont deux mots de sens voisin.

Ex. : crier **et** ***hurler.***

▶ Ne pas confondre **champ lexical** et **champ sémantique** d'un mot.

• On appelle **champ lexical** un ensemble de termes se rapportant à un même thème, à une même idée.

Ex. : liquide, couler, humide… **appartiennent au champ lexical de l'eau.**

Notes

Notes

• On appelle **champ sémantique** d'un mot l'ensemble des significations possibles de ce mot.

Ex. : **le champ sémantique du mot *cœur* comprend des significations différentes : l'organe, le centre, le siège des sentiments, la mémoire *(par cœur)*...**

▶ **L'étymologie** est la science qui étudie l'origine des mots.

▶ **La racine** d'un mot est le mot (latin, grec, germanique...) dont il est issu.

▶ **La polysémie** d'un mot est l'ensemble de ses significations.

Ex. : **théâtre → pièce de théâtre et salle ;**
souris → animal et accessoire d'ordinateur.

Je comprends comment faire

▶ Bien orthographier les mots en s'aidant de leur formation

Pour connaître la dernière lettre d'un mot, on peut souvent s'aider des mots de la même famille.

Ex. : **regretter → regret ; tapisserie → tapis ;**
serpentin, serpenter → serpent.

▶ Écrire les adverbes en *-ment*

→ Les adverbes en *-ment* se forment à partir des adjectifs.

Ex. : **aimable → aimablement ; facile → facilement.**

→ Quand l'adjectif se termine par *-ant* ou *-ent*, le *m* est doublé.

Ex. : **courant → couramment ; patient → patiemment.**

▶ Comprendre le sens d'un mot

Le dictionnaire permet de comprendre le sens d'un mot mais, si l'on n'en dispose pas, il faut s'aider des mots de la même famille ou du contexte dans lequel se trouve le mot.

Ex. : **Mon hamster aime beaucoup les fruits : il mange des abricots, des poires, des goyaves, des bananes.**
→ Même si on ne connaît pas le mot « goyave », on comprend qu'il s'agit d'un fruit.

Corrigés p. 18

Brouillon

Je m'entraîne

Exercice 1

« Pourvu que ce ne soit pas une mauvaise *nouvelle.* »

a. Explique le sens du mot *nouvelle* dans cette phrase.

....

....

b. Emploie-le, avec un sens différent, dans une phrase de ton choix.

....

....

Exercice 2

Donne les noms formés à partir des verbes suivants.

a. retarder → ....

b. forcer → ....

c. comploter → ....

d. guetter → ....

Exercice 3

Donne l'antonyme des mots en ajoutant un préfixe.

a. mobile → ....

b. lisible → ....

c. réel → ....

d. connu → ....

Exercice 4

Pour chacun des mots suivants, donne un mot de la même famille qui permet de justifier la lettre muette finale.

a. un tapis → ....

b. un acquis → ....

c. un débit → ....

d. un amas → ....

e. ras → ....

f. un drap → ....

g. un échafaud → ....

Exercice 5

Lis le texte et réponds aux questions.

Dans la plaine rase, sous la nuit sans étoiles, d'une obscurité et d'une épaisseur d'**encre**, un homme suivait seul la grande route de Marchiennes à Montsou, dix kilomètres de pavé coupant tout droit à travers les **champs** de betteraves. Devant lui, il ne voyait même pas le sol noir, et il n'avait la sensation de l'immense horizon plat que par les souffles du vent de mars, des rafales larges comme sur une mer, glacées d'avoir balayé des lieues de marais et de terres nues. Aucune ombre ne tachait le ciel, le pavé se déroulait avec la rectitude d'une jetée, au milieu de l'embrun aveuglant des ténèbres.

Émile ZOLA, *Germinal*.

a. Entoure dans le texte un synonyme de l'adjectif *plat*.

b. Trouve un homonyme des mots *encre* et *champ*.

....

c. Surligne les mots ou expressions appartenant au champ lexical de l'obscurité.

d. Souligne les mots appartenant au champ lexical de la mer.

Brouillon

Exercice 6

À l'heure du déjeuner, nous nous arrêtâmes à mi-chemin dans un des ses restaurants familiers où, après qu'il eut pris soin d'annoncer notre visite, nous fut servi un repas qui correspondait moins à la **carte** du jour qu'à ses goûts. C'est ainsi qu'à la table voisine qui convoitait notre mousse au chocolat il fut répondu qu'elle n'existait pas.

Jean Rouaud, *Des Hommes illustres*,

À quel champ lexical appartient le mot *carte* ?

....

Exercice 7

Parmi les mots suivants, souligne ceux qui appartiennent au champ lexical de la lumière.

éclair – remarque – illuminer – apporter – lueur – flamme – nuit – étincelant – chaleur – couleur – étincelle – ampoule

Exercice 8

Inscris un mot dans chaque case du tableau.

	Mot appartenant à la même famille	Mot appartenant au même champ lexical mais pas à la même famille
heure	....	....
familier	....	....
soin	....	....
jour	....	....
existier	....	....

Brouillon

Corrigés des exercices

Exercice 1

a. Dans la phrase, le mot *nouvelle* a le sens d'*information*.
b. Une nouvelle est arrivée dans notre classe ; elle vient du Mali.

Exercice 2

a. retard. **b.** force. **c.** complot. **d.** guet.

Exercice 3

a. immobile. **b.** illisible. **c.** irréel. **d.** inconnu.

Exercice 4

a. tapisser, tapissier. **b.** acquisition. **c.** débiter, débiteur. **d.** amasser. **e.** raser.
f. draper, drapier. **g.** échafauder, échafaudage.

Exercice 5

a. *Ras* (*rase*), qui s'applique à la plaine, est un synonyme de « plat ».
b. *Ancre* (Le navire est maintenu par son ancre.) et *chant* (Ce chant de Noël sera accompagné au piano.).
c. *Nuit sans étoiles*, *obscurité*, *encre*, *ne voyait même pas*, *noir*, *aveuglant*, *ténèbres*.
d. *mer* – *jetée* – *embrun*.

Exercice 6

Le mot *carte* comme les mots *déjeuner*, *restaurants*, *repas*, *table voisine*, *mousse au chocolat*, appartiennent au champ lexical du restaurant.

Exercice 7

Éclair, illuminer, lueur, flamme, étincelant, étincelle, ampoule.

Exercice 8

	Mot appartenant à la même famille	**Mot appartenant au même champ lexical mais pas à la même famille**
heure	horaire	minute, date, seconde, agenda, temps…
familier	famille	parent, enfant, cousin, courant, ordinaire, quotidien…
soin	soigner	médecin, infirmière, docteur, hôpital…
jour	journal	nuit, soleil, semaine, mois…
exister	existence	vie…

Les confusions à éviter

Je retiens le cours

1 Les homophones grammaticaux

▶ On appelle **homophones** des mots qui se prononcent de la même manière mais qui s'écrivent différemment.

▶ On évitera de confondre les **homophones grammaticaux** :

- ***a*** et ***à*** : on peut remplacer ***a*** par ***avait***.
- ***ou*** et ***où*** : on peut remplacer ***ou*** par ***ou bien***.
- ***on*** et ***on n'*** : ***on n'*** est une forme négative.

Ex. : **On n'a pas toujours raison.**

- ***ce*** et ***se*** :

Ex. : **Ce jus de fruit se boit frais.**

- ***si*** et ***s'y***.

Ex. : **Il est si désireux de gagner ce tournoi qu'il s'y prépare avec soin.**

- ***c'est*** et ***s'est***.

Ex. : **C'est lui qui s'est décidé le premier.**

- ***ses*** et ***ces*** : ***ses*** suppose une idée de possession.
- ***quand***, ***quant*** et ***qu'en*** : on ne rencontre ***quant*** que devant ***à***, ***au*** et ***aux***.

Ex. : **Quant à Léo, il ne sait pas quand il viendra. / Je ne sais pas qu'en penser.**

- ***t'en*** et ***tant*** : on peut remplacer ***tant*** par ***tellement***.

Ex. : **Il a tant travaillé ! / Peux-tu me prêter ta gomme si tu ne t'en sers pas ?**

- ***quelle*** et ***qu'elle*** : on peut remplacer ***qu'elle*** par ***qu'il***.

Ex. : **Quelle bonne idée ! / Qu'elle est étrange !**

- ***la***, ***l'a***, ***l'as*** et ***là*** :

– ***la*** est un déterminant ou un pronom ;

Ex. : **C'est la sœur de Louise ; je la connais bien.**
dét. pronom

Notes

– ***l'a*** et ***l'as*** (*l'* + verbe *avoir* au présent) peuvent être remplacés par ***l'avait*** ou ***l'avais*** ;

Ex. : **Il a pris mon stylo et me l'a (*l'avait*) rendu. Tu l'as (*l'avais*) vu ?**

– ***là*** est une indication de lieu. Il peut aussi compléter un démonstratif.

Ex. : **Nous ne serons pas là lundi. Ce roman-là est passionnant.**

2 Les accents

On ne met pas d'**accent** sur un **e** qui précède une double consonne, un ***x*** ou quelques successions de consonnes particulières.

Ex. : **une erreur, un exemple, estival.**

Notes

Je comprends comment faire

Relire efficacement un texte

Qu'il s'agisse d'une dictée, d'un exercice d'orthographe ou d'un devoir d'expression écrite, il faut relire en cherchant les erreurs possibles. On pourra relire plusieurs fois en menant plusieurs recherches différentes :

→ **les pluriels :** à partir de chaque déterminant pluriel, on suivra jusqu'au bout le « fil du pluriel » ;

Ex. : **Les grands romans de Victor Hugo sont encore beaucoup lus et traduits.**
→ ***À partir de* Les*, on repère tous les pluriels : nom* (romans)*, adjectif* (grands)*, verbe* (sont)*, participes* (lus et traduits)*.***

→ **les féminins :** on vérifiera que l'on a bien accordé les adjectifs et les participes avec les noms féminins ;

→ **les homophones grammaticaux : *a*** et ***à***, ***ou*** et ***où***… ;

→ **les accords de participes passés.**

Ne pas confondre les homophones lexicaux

Les homophones lexicaux sont des mots qui se prononcent de la même manière mais qui n'ont pas le même sens. Il faut s'aider du contexte pour choisir le bon mot.

Ex. : **un pull vert, un ver de terre, un verre d'eau, un poème de 14 vers ; un courant d'air, une ère géologique, l'aire du carré.**

Ne pas confondre les paronymes

Les **paronymes** sont des mots dont la forme et la prononciation sont proches.

Ex. : **un percepteur (qui relève l'impôt) et un précepteur (un professeur particulier).**

Corrigés p. 24

Je m'entraîne

Brouillon

Exercice 1

Complète les phrases avec l'homophone qui convient.

a. Nous avons rencontré .... cousine de Marion ; nous ne .... connaissions pas.

b. Que fais-tu .... ?

c. J'ai prêté mon écharpe à Marine et elle .... perdue !

d. C'est toi-même qui me .... dit !

e. Je n'étais pas .... hier : Tom .... dit au professeur.

Exercice 2

Dans les phrases suivantes, entoure le mot qui convient à l'intérieur des parenthèses.

a. Je (t'en, tant, tends) prie, aide-moi (à, a, as) ranger.

b. (Où, Ou) êtes-vous allés (ce, se, ceux) matin ?

c. L'hôtel est (si, s'y) agréable que les vacanciers (si, s'y) plaisent beaucoup.

d. (Quand, Qu'en, Quant) à (son, sont) frère, il ne (c'est, s'est, sait) même pas (quand, qu'en, quant) (a, as, à) eu lieu la Première Guerre mondiale !

e. J'espère (quelle, qu'elle, quelles, qu'elles) vont remporter le match.

f. Il (sans, s'en, cent) est fallu de peu !

g. Ils (on, ont) pensé qu'(on, on n', ont) avait été retardé par la neige.

Exercice 3

Recopie les mots suivants en ajoutant les accents qui manquent.

Un poeme, une tete, un evenement, une raclette, un estuaire,
l'argent du, un escargot, un ver de terre, bien sur,
il se depeche, deja, un festin, cela.

....

....

....

....

....

....

Exercice 4

Emploie chaque homophone lexical dans une phrase qui en éclaire le sens.

a. Une ère → ....

b. Un air → ....

c. Une aire → ....

Exercice 5

Emploie chaque paronyme dans une phrase qui en éclaire le sens.

a. L'infection → ....

b. L'affection → ....

c. L'irruption → ....

d. L'éruption → ....

Brouillon

Exercice 6

Corrige les deux erreurs commises dans chacune des phrases suivantes.

a. « Le soleil tombait presque daplomb sur le sable et son écla sur la mer était insoutenable. » (A. CAMUS)

b. « Il ramassait des galets mauves, bleus et tachetés, bien plus joli dans leur vérité et leur simplicité que les gros bijoux compliqués qu'il avait accroché aux cactus. » (M. TOURNIER)

c. « Du vent, il en venait du tout frais dans face à travers milles feuilles, en rafales douces. » (L.-F. CÉLINE)

d. « Parti à présent, il savait qu'il n'avait plus qu'a remonté la vallée sur cette rive gauche. » (B. CLAVEL)

e. « Ce fut à peu prêt à ce moment-là que le bruit d'un gong, frapper avec force, remplit la maison. » (S. BECKETT)

Brouillon

Corrigés des exercices

Exercice 1

a. Nous avons rencontré **la** cousine de Marion ; nous ne **la** connaissions pas.
b. Que fais-tu **là ?**
c. J'ai prêté mon écharpe à Marine et elle **l'a** perdue.
d. C'est toi-même qui me **l'as** dit !
e. Je n'étais pas **là** hier : Tom **l'a** dit au professeur.

Exercice 2

a. Je **t'en** prie, aide-moi **à** ranger.
b. Où êtes-vous allés **ce** matin ?
c. L'hôtel est **si** agréable que les vacanciers **s'y** plaisent beaucoup.
d. Quant à **son** frère, il ne **sait** même pas **quand** a eu lieu la Première Guerre mondiale !
e. J'espère **qu'elles** vont remporter le match.
f. Il **s'en** est fallu de peu !
g. Ils **ont** pensé qu'**on** avait été retardé par la neige.

Exercice 3

Un poème, une tête, un événement (ou évènement) [*évènement* est aujourd'hui accepté], une raclette, un estuaire, l'argent dû, un escargot, un ver de terre, bien sûr, il se dépêche, déjà, un festin, cela.

Exercice 4

a. Une ère → Nous sommes dans l'ère du numérique.
b. Un air → Je ne me souviens plus de l'air de cette chanson.
c. Une aire → Tu obtiendras l'aire du rectangle en multipliant la longueur par la largeur.

Exercice 5

a. L'infection → Une mauvaise hygiène est souvent cause d'infection.
b. L'affection → Mon chien montre beaucoup d'affection aux enfants.
c. L'irruption → L'irruption d'une guêpe a perturbé le cours de maths.
d. L'éruption → L'éruption du Vésuve a provoqué la destruction de Pompéi.

Exercice 6

a. d'aplomb, éclat *(éclater)*. **b.** jolis, accrochés (on accorde avec le COD *qu'* mis pour *bijoux* et placé avant le verbe). **c.** d'en face, mille (c'est un mot invariable). **d.** qu'à, remonter. **e.** près, frappé.

Les classes grammaticales

Je retiens le cours

1 Les cinq classes grammaticales de mots variables

▶ **Les verbes** désignent un état ou une action.

Ex. : **sembler, faire....**

▶ **Les noms** désignent un élément qui existe en plusieurs exemplaires (les noms communs) ou un élément unique (les noms propres).

Ex. : **un livre (*il existe plusieurs livres*), Victor Hugo (*unique*).**

▶ **Les adjectifs** précisent un nom.

Ex. : **une bonne idée ; un pull rouge.**

▶ **Les pronoms** remplacent un mot ou un groupe de mots.

Ex. : **Les biscuits sont prêts ; ils sentent bon.**

• Les pronoms peuvent aussi désigner la personne qui parle ou celle qui écoute.

Ex. : **Je te parle !**

• Il existe différentes catégories de pronoms :

– les pronoms **possessifs** (*le mien, le tien, le sien...*) ;

– les pronoms **démonstratifs** (*celui, celle, ceux...*) ;

– les pronoms **indéfinis** (*chacun, tous...*) ;

– les pronoms **relatifs** (*qui, que, quoi, dont, où, lequel...*) ;

– les pronoms **interrogatifs** (*qui, que, quoi, lequel...*) ;

– les pronoms **personnels** (*je, tu, nous... me, te, se... le, la, les, l', lui, eux, en, y*).

▶ **Les déterminants** accompagnent les noms.

Ex. : **un livre, ce chat, mon crayon.**

• On distingue plusieurs catégories de déterminants, selon le type d'information qu'ils apportent :

– les **déterminants démonstratifs** *(ce, cet, cette, ces),* **possessifs** *(mon, ton, notre...),* **exclamatifs** *(quel, quelle...),* **numéral** *(un, deux, trois...),* **indéfinis** *(chaque, plusieurs...)* ;

Notes

– les **articles indéfinis** (*un, une, des*) ;
– les **articles définis** (*le, la, les, l', au (à + le)*...) ;
– les **articles partitifs** (*du, de la* → on peut les remplacer par *un peu de*).

2 Les cinq classes grammaticales de mots invariables

▸ **Les adverbes** précisent le sens d'un adjectif ou d'un verbe.

Ex. : hier, loin, toujours, vite, vraiment...

▸ **Les prépositions** introduisent un mot ou un groupe de mots.

Ex. : à, dans, par, pour, en, vers, avec, de, sans, sous, chez, malgré, sur...

▸ **Les conjonctions de coordination** relient deux mots ou deux groupes de mots.

Ex. : mais, ou, et, donc, or, ni, car.

▸ **Les conjonctions de subordination** introduisent une proposition subordonnée conjonctive.

Ex. : que, puisque, dès que, quand, parce que, lorsque, étant donné que...

▸ **Les interjections** expriment une émotion.

Ex. : ah ! oh ! hélas !...

Je comprends comment faire

▸ Ne pas confondre les déterminants et les pronoms

Le **déterminant** accompagne le nom alors que le **pronom** le remplace.

***Ex. :* Je lis le journal.** — le ↑ déterminant, article défini

Je le lis. — le ↑ pronom personnel

▸ Bien repérer les articles

Certains articles (*du, des*...) appartiennent à plusieurs catégories. On veillera à ne pas les confondre.

***Ex. :* Il habite au bout du chemin.** — du ↑ article défini contracté *(de + le)*

Il coupe du bois. — du ↑ article partitif *(un peu de)*

▸ Bien orthographier *leur*

Quand *leur* est placé devant un verbe, il est un pronom personnel et il est invariable.

***Ex. :* Ce sont leurs amis.** — leurs ↑ déterminant possessif

Je leur ai parlé. — leur ↑ pronom personnel

Notes

Corrigés p. 30

Brouillon

Je m'entraîne

Exercice 1

Parmi les mots suivants, souligne les prépositions.

À, mais, car, qui, souvent, de, en, puisque, par, que, sur, pour, si, sans, lui, avec, depuis, lorsque.

Exercice 2

Parmi les mots suivants, souligne les conjonctions de coordination.

De, dans, mais, quel, mes, où, ou, qui, sur, pour, hors, or, et, dont, puisque, donc, dès que, ni, parce que, si, car, sans.

Exercice 3

Parmi les mots suivants, souligne les mots qui peuvent être des conjonctions de subordination.

Puisque, car, parce que, sur, en, même si, comme, où, dont, vraiment, étant donné que, que, lorsque, lequel, pourquoi, si bien que, comment.

Exercice 4

Surligne les deux adverbes présents dans chaque phrase.

a. Hier, nous sommes allés loin avec nos vélos.

b. Je ne me souviens jamais de ton nom !

c. Évidemment, nous irons vite chercher les secours.

d. Tu te mouches trop bruyamment.

Exercice 5

Remplace le groupe nominal en gras par le pronom personnel qui convient.

a. Nous avons utilisé **un nouveau logiciel**.

....

b. Le metteur en scène explique **aux acteurs** leur rôle.

....

c. Je partirai en vacances avec **trois de mes camarades**.

....

d. Nous comptons sur **Léa et toi** pour divulguer la nouvelle.

....

Exercice 6

Reliez les mots de la première colonne à leur classe grammaticale, dans la seconde colonne.

1. de sorte que	a. conjonction de coordination
2. mais	b. conjonction de subordination
3. mes	c. interjection
4. hier	d. adverbe
5. sûr	e. déterminant possessif
6. lire	f. pronom possessif
7. avec	g. adjectif
8. oh !	h. nom commun
9. grammaire	i. verbe
10. le mien	j. préposition

Brouillon

Exercice 7

Lis le texte et réponds aux questions.

Je ne trouvai point Madame de Warens ; on me dit qu'elle venait de sortir pour aller à l'église. C'était le jour des Rameaux de l'année 1728. Je cours pour la suivre ; je la vois, je l'atteins, je lui parle… Je dois me souvenir du lieu ; je l'ai souvent depuis mouillé de mes larmes et couvert de mes baisers. Que ne puis-je entourer d'un balustre d'or cette heureuse place ! que n'y puis-je attirer les hommages de toute la terre ! Quiconque aime à honorer les monuments du salut des hommes n'en devrait approcher qu'à genoux.

C'était un passage derrière sa maison, entre un ruisseau à main droite qui la séparait du jardin, et le mur de la cour à gauche, conduisant par une fausse porte à l'église des cordeliers.

Jean-Jacques Rousseau, *Les Confessions.*

a. Relève dans cet extrait les marques de la présence du narrateur et classe-les en deux catégories : les pronoms et le déterminant.

Pronoms	Déterminant
....	....
....	
....	
....	

b. De quelle sorte de pronoms s'agit-il ?

....

....

c. De quelle sorte de déterminant s'agit-il ?

....

....

d. Effectue au brouillon le même relevé et la même classification pour les marques de la présence de Madame de Warens.

Brouillon

Corrigés des exercices

Exercice 1

À, de, en, par, sur, pour, avec.
Les principales prépositions sont : à, de, dans, en, par, pour, sur, sans, avec.

Exercice 2

Mais, ou, or, et, donc, ni, car.

Exercice 3

Puisque, parce que, même si, comme, étant donné que, que, lorsque, si bien que.
Les conjonctions de subordination introduisent une proposition subordonnée conjonctive.

Exercice 4

a. Hier, loin. **b.** Ne, jamais. **c.** Évidemment, vite. **d.** Trop, bruyamment.

Exercice 5

a. Nous **l'**avons utilisé (accord du participe avec le COD placé avant le verbe).
b. Le metteur en scène **leur** explique leur rôle.
c. Je partirai en vacances avec **eux**.
d. Nous comptons sur **vous** pour divulguer la nouvelle.

Exercice 6

1. b. **2.** a. **3.** e. **4.** d. **5.** g. **6.** i. **7.** j. **8.** c. **9.** h. **10.** f.

Exercice 7

a. Pronoms de 1re personne : *je*, *me* (à plusieurs reprises). Déterminant de 1re pers. : *mes*. **b.** Ce sont des pronoms personnels. **c.** C'est un déterminant possessif.
d. Pronoms personnels de 3e pers. (Mme de Warens) : *elle*, *la*, *l'*, *lui*. Déterminant possessif de 3e personne : *sa*.

L'adjectif

Je retiens le cours

1 Définition

▶ L'adjectif **précise le nom** auquel il se rapporte.

▶ Il s'accorde en **genre** et en **nombre** avec ce nom.

Ex. : **un petit jardin, des petits jardins, une petite fenêtre, des petites fenêtres.**

2 Les trois fonctions de l'adjectif

▶ **Épithète du nom :** l'adjectif se rapporte directement au nom.

Ex. : **une aventure incroyable (*incroyable* : épithète du nom *aventure*).**

▶ **Attribut du sujet :** l'adjectif se rapporte au sujet par l'intermédiaire d'un verbe attributif.

Ex. : **Ces champignons semblent délicieux ; ces champignons paraissent délicieux.**

▶ **Apposé au nom :** l'adjectif est détaché du nom par une virgule que l'on entend fortement.

Ex. : **Satisfaits, les clients reviendront. (*Satisfaits* : apposé au nom *clients*.)**

3 Les degrés de signification de l'adjectif

▶ **Le comparatif**

Il y a trois sortes de comparatifs :

– le comparatif de supériorité ;

Ex. : **Il est plus accueillant que son voisin.**

– le comparatif d'infériorité ;

Ex. : **Il est moins accueillant que son voisin.**

– le comparatif d'égalité.

Ex. : **Il est aussi accueillant que son voisin.**

Notes

▸ Le superlatif relatif

Il y a deux sortes de superlatifs relatifs :

– le superlatif relatif de supériorité ;

Ex. : **Il est le plus accueillant de tous.**

– le superlatif relatif d'infériorité.

Ex. : **Il est le moins accueillant de tous.**

▸ Si le superlatif n'est pas relatif, alors il est **absolu**.

Ex. : **Il est très accueillant ; il est particulièrement accueillant…**

Je comprends comment faire

▸ Mettre un adjectif au pluriel

→ En règle générale, les adjectifs prennent un *-s* au pluriel.
Les adjectifs terminés par *-eau* prennent un *-x*.

Ex. : **aimable/aimables ; verte/vertes ; nouveau/nouveaux.**

→ Les adjectifs terminés par *-al* se finissent par *-aux* au pluriel.

Ex. : **national/nationaux ; vertical/verticaux.**

Exceptions : *banal, bancal, fatal, glacial, natal, naval.*

▸ Trouver la fonction d'un adjectif

Pour trouver la fonction d'un adjectif, il faut regarder à quel mot il se rapporte et examiner ce qui les sépare :

– un verbe les sépare : l'adjectif est attribut du sujet ;

Ex. : **Ils sont enchantés.**

– rien ne les sépare (sauf un autre adjectif ou un adverbe) : l'adjectif est épithète du nom ;

Ex. : **C'est un gros chien très affectueux.**

– une virgule importante les sépare : l'adjectif est apposé.

Ex. : **Fatigués, nous sommes allés nous coucher.**

▸ Repérer un attribut du COD

L'adjectif peut aussi être attribut du COD : il se rapporte au COD par l'intermédiaire d'un verbe.

Ex. : **Nous avons trouvé ces champignons délicieux.**
= Nous avons trouvé que ces champignons étaient délicieux.

Notes

Corrigés p. 36

Je m'entraîne

Brouillon

Exercice 1

Dans les expressions suivantes, remplace le complément du nom par l'adjectif correspondant.

a. la chaleur de l'été → ....

b. un oiseau de nuit → ....

c. un monument du Moyen Âge → ....

d. un papillon de jour → ....

e. la grâce du Président → ....

f. une infection des poumons → ....

g. le monde des végétaux → ....

h. le repos du dimanche → ....

i. une propriété de la commune → ....

j. la banlieue de Lyon → ....

k. une douleur du dos → ....

l. une règle de grammaire → ....

m. une tenue de printemps → ....

UNE POURSUITE BESTIALE
À L'ÉPOQUE PRÉHISTORIQUE

Exercice 2

Souligne en rouge les adjectifs épithètes et en bleu les adjectifs attributs.

a. Le ciel est **noir** ; il va pleuvoir.

b. Ce pull **noir** te va très bien.

c. Vous semblez **contents** de votre journée.

d. Ces chaussures **rouges** sont trop **vieilles**.

e. Cette idée me semble **originale**.

f. Notre **jeune** hamster est **malade**.

Exercice 3

Dans les phrases suivantes, donne la fonction des adjectifs en gras.

a. Nos cousins, **ravis** (..) de leur séjour, ont réservé la même maison pour l'an prochain.

b. Nous allons proposer à nos camarades un **grand** (..) choix de romans **policiers** (..) **passionnants** (..).

c. Morgane est tombée **malade** (..) et elle a dû quitter le cours de mathématiques.

d. Les derniers ordinateurs sont beaucoup plus **performants** (..) que les **anciens** (..) modèles.

e. Cette œuvre **littéraire** (..) est un livre **célèbre** (..) dans le monde **entier** (..).

f. **Sûr** (..) de lui, Thésée s'avança vers le **terrible** (..) Minotaure.

Brouillon

Exercice 4

Lis le texte et réponds aux questions.

1. « Jean, son fils, s'installa avec elle aux environs de Bruges, pour donner à sa mère malade la chance de respirer un air plus vivifiant que celui de Namur. »

2. « Brusque, joviale, cette forte blonde aux yeux bleus était adorée de ses blessés, et redoutée, mais vénérée par le personnel de son hôpital. »

3. « Une légère mantille drape le mince et fin visage, recouvre des cheveux dont on ne peut décider s'ils sont blonds ou déjà gris. »

4. « C'est sous cet aspect que j'aperçus une ou deux fois la tante Isabelle dans ma petite enfance, souffrant déjà d'une faiblesse cardiaque [...] et si fatiguée que j'avais à peine le temps de m'asseoir au salon, balançant mes petites jambes.

Marguerite YOURCENAR, *Souvenirs pieux*, © Gallimard.

a. Relève un adjectif au comparatif de supériorité.

....

b. Relève deux adjectifs apposés au nom et précise à quel nom ils se rapportent.

....

....

c. Relève un adjectif attribut du sujet et précise à quel nom il se rapporte.

....

....

d. Relève six adjectifs épithètes en indiquant le nom auquel chacun d'eux se rapporte.

....

....

....

Brouillon

Corrigés des exercices

Exercice 1

a. estivale. **b.** nocturne. **c.** médiéval. **d.** diurne. **e.** présidentielle. **f.** pulmonaire. **g.** végétal. **h.** dominical. **i.** communale. **j.** lyonnaise. **k.** dorsale. **l.** grammaticale. **m.** printanière.

Exercice 2

a. noir : attribut du sujet *ciel.* **b.** noir : épithète du nom *pull.* **c.** contents : attribut du sujet *vous.* **d.** rouges : épithète du nom *chaussures* ; vieilles : attribut du sujet *chaussures.* **e.** originale : attribut du sujet *idée.* **f.** jeune : épithète du nom *hamster* ; malade : attribut du sujet *hamster.*

Exercice 3

a. ravis : apposé au nom *cousins.* **b.** grand : épithète du nom *choix* ; policiers : épithète du nom *romans* ; passionnants : épithète du nom *romans.* **c.** malade : attribut du sujet *Morgane.* **d.** performants : attribut du sujet *ordinateurs* ; anciens : épithète du nom *modèles.* **e.** littéraire : épithète du nom *œuvre* ; célèbre : épithète du nom *livre* ; entier : épithète du nom *monde.* **f.** *sûr* : apposé au nom *Thésée* ; *terrible* : épithète du nom *Minotaure*.

Exercice 4

a. *vivifiant*, dans la phrase 1, est au comparatif de supériorité. **b.** *brusque* et *joviale*, dans la phrase 2, sont apposés au nom *blonde*. **c.** *blonds* et *gris*, dans la phrase 3, sont deux attributs du sujet *ils* (mis pour *des cheveux*). **d.** phrase 1 : *malade* (mère), *vivifiant* (air) ; phrase 2 : *forte* (blonde), *bleus* (yeux) ; phrase 3 : *légère* (mantille), *mince* (visage), *fin* (visage) ; phrase 4 : *petite* (enfance), *cardiaque* (faiblesse), *petites* (jambes).
Les adjectifs sont nombreux car il s'agit d'un texte descriptif.

Les fonctions et les accords au sein du GN

Je retiens le cours

1 Les constituants du groupe nominal

▶ Le **groupe nominal minimal** est constitué d'un nom et de son déterminant.

▶ On peut compléter le nom avec un adjectif, un autre nom ou une subordonnée.

2 Les fonctions au sein du groupe nominal

▶ **L'adjectif**, quand il se rapporte directement à un nom au sein d'un groupe nominal (GN), est **épithète du nom**.

Ex. : C'est un bel été.
(*bel* : épithète du nom *été*)

▶ Le nom noyau du GN peut être précisé par un **complément du nom** (CdN). Le plus souvent le CdN est introduit par une préposition *(à, de, dans, par, pour, sur, sans, avec…)*.

Ex. : C'est une locomotive à vapeur.
(*à vapeur* : CdN *locomotive*)

▶ Le nom noyau du GN peut être précisé par une **subordonnée relative** ; la fonction de cette dernière est **complément de l'antécédent**.

Ex. : J'ai lu le message que tu m'as envoyé.
(*que tu m'as envoyé* : complément de l'antécédent *message*)

▶ **Épithètes, CDN et subordonnées relatives** servent à préciser une pensée, un récit. Ils sont nombreux dans les passages descriptifs car ils permettent au lecteur de se représenter le personnage, le paysage ou l'objet décrits.

Notes

3 Les accords au sein du groupe nominal

▶ **Les noms communs et les adjectifs prennent un *-s* ou un *-x* au pluriel.**

Ceux qui se terminent par *-al* ont leur pluriel en *-aux*.

Ex. : **des films, des clous, des détails, des jeux, un journal/des journaux, de beaux décors, un vaisseau spatial/des vaisseaux spatiaux.**

▶ **Le déterminant** s'accorde avec le nom auquel il se rapporte.

Ex. : **cet ordre, cette occasion, ces propositions.**

Notes

Je comprends comment faire

▶ Connaître les exceptions

→ **Noms :** des pneus, des bleus, des landaus ; des poux, des bijoux, des hiboux, des choux, des genoux, des joujoux, des cailloux ; des coraux, des émaux, des travaux, des vitraux ; des bals, des carnavals, des chacals, des festivals.

→ **Adjectifs :** banals, fatals, navals.

▶ Bien accorder les déterminants numéraux cardinaux

→ **Les déterminants numéraux ordinaux sont invariables sauf 20 et 100** quand ils sont multipliés et non suivis d'un autre nombre. Depuis la réforme de l'orthographe de 1990, on peut mettre un trait d'union entre tous les mots du nombre.

Ex. : **500 : cinq cents (ou cinq-cents) ; 80 : quatre-vingts ; 480 : quatre-cent-quatre-vingts, 381 : trois-cent-quatre-vingt-un ; 6 020 (6 000 + 20) : six mille vingt ou six-mille-vingt.**

→ ***Millier*** (= 1 000), ***million*** et ***milliard*** se mettent au pluriel.

▶ Bien accorder les adjectifs de couleur

→ Les adjectifs de couleur s'accordent sauf s'ils viennent d'un nom comme **marron, argent, azur**… ou s'ils sont composés comme **gris clair, jaune citron, bleu marine**…

→ Certains adjectifs sont des exceptions ; bien que provenant d'un nom, ils s'accordent.

Ex. : **des yeux noisette, des yeux bleu clair, mais : des joues roses, des fleurs mauves.**

Corrigés p. 42

Brouillon

Je m'entraîne

Exercice 1

Dans les phrases suivantes, souligne en rouge les compléments du nom et en bleu les compléments de l'antécédent.

a. Il effectue des réparations avec de la pâte à modeler !

b. Je ne me sers pas de ce stylo qui ne fonctionne plus.

c. Les avantages de ce logiciel ne doivent pas nous faire oublier ses défauts.

d. Les adolescents d'aujourd'hui se servent de l'ordinateur comme on se servait autrefois de la gomme et du crayon.

e. Le jeu dont je viens d'installer le logiciel est un jeu éducatif qui me donnera des informations sur l'Antiquité.

Exercice 2

Mets les expressions suivantes au pluriel.

a. un animal amical ....

b. un vieil habit ....

c. un accident fatal ....

d. un garçon matinal ....

e. un nouveau bal ....

f. un pou monumental ....

g. un landau banal ....

Exercice 3

Écris ces nombres en lettres.

a. 220 ....

b. 83 ....

c. 1 300 ....

d. 451 ....

e. 3 000 000 ....

f. 480 ....

g. 6 100 ....

Exercice 4

Dans les phrases suivantes, accorde les adjectifs entre parenthèses.

a. Lire est son occupation *(quotidien)* ....

b. J'ai choisi ces espadrilles *(mauve)* ....

c. Il voudrait repeindre sa chambre avec des rayures *(vert pomme)* .... et *(jaune)* ....

d. Ton rhume est une maladie *(bénin)* ....

e. Le platane est un arbre à feuilles *(caduc)* ....

f. Ces fauteuils *(orange)* .... sont *(bancal)* ....

g. Je t'inviterai chez moi pour le *(nouveau)* .... an chinois.

h. Je n'aime pas du tout ces chaussettes *(marron)* .... ; je préfère les *(bleu marine)* ....

Brouillon

Exercice 5

Réécris ces phrases en mettant au pluriel le mot en gras et en effectuant les modifications nécessaires.

a. Un haut **mur** encerclait la cité.

....

b. Le **chou-fleur** est un légume riche en vitamines.

....

c. Le **bijou** précieux de la reine scintillait dans son écrin.

....

Exercice 6

Dans les phrases suivantes, relève les constituants des groupes nominaux en gras et précise leur fonction.

a. As-tu admiré **le joli chapeau de la reine** ?

....

....

b. **Le petit champignon qui a poussé derrière le grand chêne** me semble vénéneux.

....

....

c. Je voudrais **un vêtement de pluie confortable et qui sèche rapidement**.

....

....

d. Voici **un fer à friser qui devrait te convenir**.

....

....

Brouillon

Corrigés des exercices

Exercice 1

a. à modeler : CdN *pâte*. **b.** qui ne fonctionne plus : complément de l'antécédent *stylo*. **c.** de ce logiciel : CdN *avantages* ; *de l'ordinateur* et *de la gomme et du crayon* sont des COI du verbe *servir*. **d.** d'aujourd'hui : CdN *adolescents*.
e. dont je viens d'installer le logiciel : complément de l'antécédent *jeu* ;
qui me donnera des informations sur l'Antiquité : complément de l'antécédent *jeu* ;
sur l'Antiquité : CdN *informations*.

Exercice 2

a. des animaux amicaux. **b.** de vieux habits. **c.** des accidents fatals.
d. des garçons matinaux. **e.** de nouveaux bals. **f.** des poux monumentaux.
g. des landaus banals.

Exercice 3

a. deux-cent-vingt. **b.** quatre-vingt-trois. **c.** mille-trois-cents.
d. quatre-cent-cinquante-et-un. **e.** trois-millions. **f.** quatre-cent-quatre-vingts.
g. six-mille-cent.

Exercice 4

a. quotidienne. **b.** mauves. **c.** vert pomme ; jaunes. **d.** bénigne. **e.** caduques.
f. orange, bancals. **g.** nouvel. **h.** marron ; bleu marine.

Exercice 5

a. De hauts murs encerclaient la cité.
b. Les choux-fleurs sont des légumes riches en vitamines.
c. Les bijoux précieux de la reine scintillaient dans leur écrin.

Exercice 6

a. joli : épithète du nom *chapeau* ; de la reine : CdN *chapeau*.
b. petit : épithète du nom *champignon* ; qui a poussé derrière le grand chêne : complément de l'antécédent *champignon* ; grand : épithète du nom *chêne*.
c. de pluie : CdN *vêtement* ; confortable : épithète du nom *vêtement* ; qui sèche rapidement : complément de l'antécédent *vêtement*.
d. à friser : CdN *fer* ; qui devrait te convenir : complément de l'antécédent *fer*.
Remarque : on ne dit pas « CdN du nom *chapeau* » car CdN veut dire « complément du nom » et cela reviendrait à écrire « complément du nom du nom *chapeau* ».

Les fonctions dans la phrase

Je retiens le cours

1 Le sujet

▶ **Le sujet commande la terminaison du verbe.** À l'actif, il **effectue l'action**. Le sujet est généralement placé avant le verbe ; il peut aussi être placé après (**sujet inversé**).

▶ Un nom ou groupe nominal, un pronom, un verbe à l'infinitif, une proposition subordonnée peuvent être sujets du verbe.

Notes

2 Le COD et le COI

▶ Le COD (complément d'objet direct) se construit sans préposition. Il répond aux questions **qui ?** ou **quoi ?**, posées à partir du verbe.

Ex. : **Les élèves préparent le brevet. → Ils préparent quoi ? *le brevet* → *le brevet* : COD de *préparer*.**

▶ Le COI (complément d'objet indirect) se construit avec une préposition. Il répond aux questions **à qui ?**, **à quoi ?**, **de qui ?**, **de quoi ?**, posées à partir du verbe.

Ex. : **Je participer à ce match. → Je participe à quoi ? *à ce match* → *à ce match* : COI de *participer*.**

▶ Certains verbes peuvent avoir à la fois un COD et COI.

Ex. : **Il écrit une lettre (COD) à son frère (COI).**

3 L'attribut

▶ L'attribut du sujet précise le sujet avec lequel il s'accorde.

Ex. : **Ces champignons sont délicieux. → *délicieux* : attribut du sujet *champignons*.**

▶ L'attribut du COD précise le COD avec lequel il s'accorde.

Ex. : **Je trouve ces champignons délicieux (= je trouve que ces champignons sont délicieux). → *délicieux* : attribut du COD *champignons*.**

4 Les compléments circonstanciels

Les compléments circonstanciels (lieu, temps, manière, moyen, cause, but, conséquence, condition, comparaison) peuvent être déplacés et supprimés.

Ex. : **Chaque matin, je fais du yoga dans mon salon. Dans mon salon, je fais du yoga chaque matin.**

Je comprends comment faire

La forme impersonnelle

→ On parle de **forme impersonnelle** lorsque le pronom ***il*** ne renvoie à rien.

Ex. : **Il pleut, il neige, il arrive que…**

→ **Dans la forme impersonnelle, il est fréquent que le verbe soit suivi d'un groupe nominal qui effectue réellement l'action** : on parle alors de **sujet réel** ou de **sujet logique**, le pronom ***il*** étant le **sujet grammatical**.

Ex. : **Il s'est produit un accident.**
sujet grammatical (Il) — sujet logique (un accident)

Repérer quelques pièges

→ **Attention à ne pas confondre** COD, attribut du sujet, sujet inversé et sujet logique d'un verbe employé dans une tournure impersonnelle.

→ **Attention aux exercices de réécriture :** lorsqu'il s'agit de remplacer un groupe nominal complément d'objet par le pronom personnel correspondant, on veillera tout particulièrement aux accords ; si l'on remplace un groupe COD par un pronom COD, on peut être amené à effectuer un accord de participe passé (voir *leçon* 16).

Ex. : **J'ai cueilli des framboises. → Je les ai cueillies.**
COD après le verbe (des framboises) — COD avant le verbe (les)

Notes

Corrigés p. 48

Je m'entraîne

Brouillon

Exercice 1

Associe les groupes soulignés à leur fonction.

a. Nous parlons de toi.
b. Nous parlons espagnol.
c. « Si », répondit l'Espagnol.
d. Nous ne sommes pas espagnols.
e. Je les appelle.
f. Je m'appelle José.
g. Comment t'appelles-tu ?

1. COD du verbe *parler*
2. COI du verbe *parler*
3. Sujet du verbe *s'appeler*
4. COD du verbe *appeler*
5. Attribut du sujet *je*
6. Sujet du verbe *répondre*
7. Attribut du sujet *nous*

a. .... b. .... c. .... d. .... e. .... f. .... g. ....

Exercice 2

Dans les phrases suivantes, donne la fonction des mots ou groupes de mots soulignés.

a. Il a acheté le maillot de son équipe préférée.

....

b. J'ai vu des extraterrestres au supermarché.

....

c. La vieille dame demanda au contrôleur de lui descendre sa valise.

....

d. Des hauts sommets descendaient les alpinistes chevronnés.

....

Exercice 3

Dans les phrases suivantes, souligne les sujets des verbes en gras et indique leur classe grammaticale. Surligne les quatre attributs du sujet.

a. « Il **paraissait** âgé de plus de soixante ans, quoiqu'il en **eût** environ cinquante. »

....

b. « Un des spectacles où **se rencontre** le plus d'épouvantement **est** certes l'aspect général de la population parisienne. »

....

c. « Personne ne **faisait** la moindre attention à cette douleur cachée qui **gémissait** sur un fauteuil doré au coin de la cheminée. »

....

d. Décrire les fastes et les misères de la société de son temps **est** un des projets de Balzac.

....

e. Que les lecteurs **soient épouvantés** par certaines descriptions de Balzac n'**est** pas étonnant.

....

f. **Savez**-vous que les trois premières phrases **ont été écrites** par Balzac ?

....

Brouillon

Exercice 4

Réécris les phrases suivantes en remplaçant tous les compléments d'objet par des pronoms personnels. Attention à l'accord du participe passé !

a. Avez-vous lu *Le Père Goriot* de Balzac ?

....

b. Le père Goriot aime ses filles au point de renoncer à sa fortune.

....

c. Il a offert à ses deux filles tous ses biens.

....

d. Balzac a montré à ses contemporains l'ambition et les passions des hommes.

....

....

Exercice 5

Relève l'intruse parmi les phrases suivantes. Justifie ta réponse.

a. Il déjeune à midi.

b. Il a lu tous les romans de Maurice Leblanc.

c. Il prépare sérieusement son entrée en seconde.

d. Il fera beau à partir de lundi.

e. Il téléphonera ce soir.

f. Il fera de la voile l'été prochain.

....

....

....

Brouillon

Corrigés des exercices

Exercice 1

a. 2. **b.** 1. **c.** 6. **d.** 7. **e.** 4. **f.** 5. **g.** 3.

Exercice 2

a. COD du verbe *acheter*. **b.** complément circonstanciel de lieu (CCL).
c. la vieille dame : sujet du verbe *demander* ; sa valise : COD du verbe *descendre*.
d. sujet inversé du verbe *descendre*.

Exercice 3

a. *il* (2 fois : paraissait, eût) : pronom personnel. **b.** *Un des spectacles* (est) : groupe nominal ; *le plus d'épouvantement* (se rencontre) : groupe nominal. **c.** *Personne* (faisait) : pronom indéfini ; *qui* (gémissait) : pronom relatif. **d.** *Décrire les fastes et les misères de la société de son temps* (est) : groupe infinitif. **e.** *Que les lecteurs ... Balzac* (est) : prop. sub. conjonctive ; *les lecteurs* (soient épouvantés) : groupe nominal. **f.** *vous* (savez) : pronom personnel ; *les trois premières phrases* (ont été écrites) : groupe nominal.
Les 4 attributs du sujet sont :
a. *âgé de plus de soixante ans :* attribut du sujet *Il*.
b. *l'aspect général de la population parisienne :* attribut du sujet *Un des spectacles.*
d. *un des projets de Balzac :* attribut du sujet *Décrire les fastes et les misères de la société de son temps.*
e. *étonnant :* attribut du sujet *Que les lecteurs soient épouvantés par certaines descriptions de Balzac* ; on ne considère pas que *épouvantés* soit un attribut car il s'agit là du verbe au passif et non d'un participe employé comme adjectif.

Exercice 4

a. **L'**avez-vous lu ? **b.** Le père Goriot **les** aime au point… **c.** Il **les leur** a offerts (accord du participe avec le COD *les* mis pour *tous ses biens*). **d.** Balzac **les leur** a montré**es** (accord du participe avec le COD *les* mis pour *l'ambition et les passions des hommes*).

Exercice 5

Seule la phrase **d.** comprend une forme impersonnelle.
Dans les autres phrases, le pronom *il* désigne une personne.

L'accord du verbe

Je retiens le cours

1 L'accord du verbe

▶ **La terminaison du verbe est commandée par le sujet** qui peut être un nom (ou un groupe nominal), un pronom, un verbe à l'infinitif ou une proposition subordonnée.

▶ **Le verbe se met au pluriel** quand son **sujet est au pluriel** ou quand il a **plusieurs sujets au singulier**. Le masculin l'emporte sur le féminin.

Ex. : **Julien et Anaëlle sont déjà repartis.**

▶ **Le sujet** n'est pas toujours le mot placé avant le verbe.

Ex. : **Je les observe.**
Nous vous conseillons ce film.
Les champignons que je ramasse poussent toujours dans des zones ombragées.

2 Le verbe qui a plusieurs sujets

▶ Quand le verbe a **plusieurs sujets dont un à la 1re personne**, **le verbe se met à la 1re personne du pluriel.**

Ex. : **Adèle et moi partons jouer au foot.**
3e pers. 1re pers.

▶ Quand le verbe a **plusieurs sujets dont un à la 2e personne**, **le verbe se met à la 2e personne du pluriel.**

Ex. : **Julia et toi devez passer au CDI.**
3e pers. 2e pers.

▶ Quand le sujet comprend **une 1re personne et une 2e personne**, **le verbe se met à la 1re personne**.

Ex. : **Toi et moi pouvons faire équipe pour ce TP.**
2e pers. 1re pers.

Notes

3 Le verbe qui a pour sujet un nom de sens collectif

▶ Le verbe est au singulier lorsque son sujet est *la/une foule, le monde, un groupe, une équipe, une assemblée, une troupe…*

Ex. : **Tout le monde est arrivé. L'assemblée était nombreuse.**

▶ Le verbe se met au pluriel quand le sujet est *la plupart, beaucoup, plusieurs, certains…*

Ex. : **Certains ne viendront pas mais la plupart ont été prévenus.**

Je comprends comment faire

▶ Bien accorder un verbe dont le sujet est le pronom *qui*

→ Lorsque *qui* est un **pronom relatif**, le verbe s'accorde avec l'antécédent.

Ex. : **C'est toi qui arbitreras. C'est moi qui ai tourné cette vidéo.**
antécédent antécédent

→ Lorsque *qui* est un **pronom interrogatif**, le verbe est au singulier.

Ex. : **Qui habite dans ce château? Je me demande qui habite ici.**

▶ Examiner la classe grammaticale du sujet pour bien accorder le verbe

→ Quand le sujet est un infinitif ou une subordonnée, le verbe est au singulier.

Ex. : **S'entraîner est indispensable. Que Tom soit d'accord m'étonnerait.**
infinitif subordonnée

→ Lorsque le sujet est un groupe nominal, le verbe s'accorde avec le noyau du groupe.

Ex. : **L'équipe des basketteurs monte dans le car.**

Notes

Corrigés p. 54

Brouillon

Je m'entraîne

Exercice 1

Place dans les phrases le verbe qui convient :

commençons – sont – donnes – accordons – prête – est – accorde

a. Le Principal nous .... une subvention pour notre club théâtre.

b. La plupart de ces romans policiers .... passionnants ; je te les ....

c. Est-ce que tu me .... ton pull qui .... trop petit ?

d. Nous .... nos instruments et ....

Exercice 2

Écris au présent de l'indicatif les verbes entre parenthèses.

a. C'est toi qui .... eu cette idée mais c'est moi qui .... tout organisé. *(avoir, avoir)*

b. Dorian et moi .... accompagner le chant avec nos guitares tandis que Julie et toi vous .... des percussions. *(pouvoir, s'occuper)*

c. Je me demande qui .... du bruit sous notre fenêtre et nous .... de répéter notre concert. *(faire, empêcher)*

d. D'abord, vous nous .... tailler les rosiers : nous vous .... comment faire. *(regarder, montrer)*

Exercice 3

Place dans les phrases le verbe qui convient :

ai – as – a – es – est

a. C'est Balzac qui .... l'auteur de ce roman.

b. C'est toi qui .... réparé mon ordinateur.

c. C'est Monet qui .... peint ce tableau.

d. C'est toi qui .... responsable.

e. C'est moi qui .... abîmé ton écharpe.

Exercice 4

Réécris les phrases suivantes en mettant au pluriel le mot en gras.

a. Le **romancier** qui cherche à représenter le réel a le souci du détail.

....

....

b. C'est au XIXe siècle que se développe ce **genre** littéraire.

....

c. Le **personnage** qui donne son nom au roman est en général le personnage principal.

....

....

d. **Toi**, qui as lu attentivement ce roman, pourrais-tu nous en parler ?

....

....

Brouillon

Exercice 5

Réécris le passage suivant en remplaçant « il » par « ils » et en effectuant les transformations nécessaires.

« Il met un peu d'ordre dans ses affaires, puis prépare son sac pour le lendemain, tout cela sans cesser de penser au cadeau du libraire. Depuis qu'il est entré en possession de ce recueil de nouvelles, son désir de s'y plonger n'a fait que croître. »

Arthur TÉNOR,
Le livre dont vous êtes la victime,
© Pocket Jeunesse 2004.

....

....

....

....

....

....

....

....

....

....

....

....

....

....

....

....

Brouillon

Corrigés des exercices

Exercice 1

a. Le Principal nous **accorde** une subvention pour notre club théâtre. **b.** La plupart de ces romans policiers **sont** passionnants ; je te les **prête**. **c.** Est-ce que tu me **donnes** ton pull qui **est** trop petit ? **d.** Nous **accordons** nos instruments et **commençons**.

Exercice 2

a. C'est toi qui **as** eu cette idée mais c'est moi qui **ai** tout organisé. **b.** Dorian et moi **pouvons** accompagner le chant avec nos guitares tandis que Julie et toi vous vous **occupez** des percussions. **c.** Je me demande qui **fait** du bruit sous notre fenêtre et nous **empêche** de répéter notre concert. **d.** D'abord, vous nous **regardez** tailler les rosiers : nous vous **montrons** comment faire.

Exercice 3

a. C'est Balzac qui **est** l'auteur de ce roman. **b.** C'est toi qui **as** réparé mon ordinateur. **c.** C'est Monet qui **a** peint ce tableau. **d.** C'est toi qui **es** responsable. **e.** C'est moi qui **ai** abîmé ton écharpe.

Exercice 4

a. Les romanciers qui cherchent à représenter le réel ont le souci du détail.
b. C'est au XIXe siècle que se développent ces genres littéraires. **c.** Les personnages qui donnent leur nom au roman sont en général les personnages principaux.
d. Vous, qui avez lu attentivement ce roman, pourriez-vous nous en parler ?

Exercice 5

Ils mettent un peu d'ordre dans leurs affaires, puis préparent leur sac *(un chacun)* pour le lendemain, tout cela sans cesser de penser au cadeau du libraire.
Depuis qu'ils sont entrés en possession de ce recueil de nouvelles, leur désir de s'y plonger n'a fait que croître.

SÉANCE DU ....

Leçon 8

Orthographe et grammaire

La phrase

Je retiens le cours

1 Les types et les formes de phrases

▶ La phrase peut être de type déclaratif, interrogatif ou impératif :

– Phrases déclaratives :
Il pleut. Quelle drôle d'idée !

– Phrases interrogatives :
Tu viens ? Pourquoi ris-tu ?

– Phrases impératives :
Vite ! Prête-moi ton compas.

▶ La phrase peut se mettre à la forme négative et/ou à la forme exclamative :

– Phrases à la forme négative : **Il ne pleut plus. Personne ne dort.**

– Phrases à la forme exclamative : **Quelle surprise ! Aide-moi !**

2 La phrase non verbale

La **phrase non verbale** ne contient aucun verbe conjugué à un mode personnel.
Elle est plus courante à l'oral qu'à l'écrit.

Ex. : **D'accord. Vite ! Pourquoi ?**

3 La phrase simple

Une **phrase simple** est une phrase qui comporte **un seul verbe conjugué**.

4 La phrase complexe

▶ **Une proposition** est un groupe de mots organisé autour du noyau qu'est le verbe conjugué. Une phrase complexe comporte au moins deux propositions. Il y a, dans une phrase, **autant de propositions que de verbes conjugués**.

Notes

▸ **À l'intérieur de la phrase complexe, les propositions peuvent s'organiser de trois manières :**

– les propositions ne sont pas reliées : elles sont **juxtaposées** ;

Ex. : **[Il est entré], [je suis aussitôt sorti].**

– les propositions sont reliées par une conjonction de coordination *(mais, ou, et, donc, or, ni, car)* ou un adverbe de liaison *(puis, ensuite, pourtant...)* : elles sont **coordonnées** ;

Ex. : **[Il est entré], [mais je suis sorti aussitôt].**

– les propositions sont reliées par un mot subordonnant (conjonction de subordination, pronom relatif ou interrogatif, adverbe interrogatif) : la proposition introduite par le mot subordonnant est **subordonnée** à l'autre proposition.

Ex. : **[Il est entré] [quand je suis sorti].**

Je comprends comment faire

▸ Repérer les propositions

→ Les termes **subordonnée, principale** et **indépendante** désignent la classe grammaticale d'une proposition. En revanche, les propositions **juxtaposées** et **coordonnées** ne désignent pas des sortes de propositions mais des relations possibles entre celles-ci.

→ **Pour repérer les propositions** sans se tromper :

– je souligne et je compte les verbes conjugués pour connaître le **nombre de propositions** ;

– j'entoure les **mots subordonnants** ;

– je mets entre crochets les propositions subordonnées (elles commencent par un mot subordonnant) ;

– je repère **les indépendantes** ;

– je repère **les propositions principales** qui dirigent les subordonnées.

Ex. : **[Il pleut,] / [je pense] / [que nous allons rester à la maison].**
prop. indépendante — prop. principale — prop. subordonnée

▸ Repérer les propositions juxtaposées et coordonnées

Deux propositions indépendantes ou principales, deux propositions subordonnées peuvent être juxtaposées ou coordonnées.

Ex. : **Il pleut ; je préfère que nous restions à la maison et que nous regardions un film.**

→ **[Il pleut]** et **[je préfère]** sont juxtaposées.

→ **[que nous restions à la maison]** et **[que nous regardions un film]** sont deux subordonnées coordonnées.

Notes

Corrigés p. 60

Brouillon

Je m'entraîne

Exercice 1

Lis le texte et réponds aux questions.

Il y a un jardin derrière l'école, avec une balançoire et un trapèze.
Je regarde avec admiration ce trapèze et cette balançoire ; seulement il m'est interdit d'y monter. [...]
J'ai peut-être le derrière plus lourd que la tête !
... Oh ! ma mère ! ma mère !
Pourquoi ne me laissez-vous pas monter sur le trapèze et me mettre la tête en bas ? Rien qu'une fois !
Vous me fouetterez après, si vous voulez !

Jules Vallès, *L'Enfant*.

a. Souligne dans le texte deux phrases non verbales.

b. Surligne les phrases de forme exclamative.

c. Combien de propositions contiennent les deux premières phrases ? De quelle sorte de proposition s'agit-il ?

....

Exercice 2

Transforme le couple de phrases simples : « Il pleut. Nous rentrons chez nous. » en une phrase complexe en suivant les indications.

a. Deux propositions juxtaposées :

....

b. Deux propositions coordonnées :

....

c. Une proposition principale et une proposition subordonnée :

....

Exercice 3

Brouillon

Dans les phrases suivantes, surligne les propositions subordonnées. Les mots subordonnants sont en rouge.

a. « Emma ne dormait pas, elle faisait semblant d'être endormie ; et, **tandis qu'**il s'assoupissait à ses côtés, elle se réveillait en d'autres rêves. »

b. « Au galop de quatre chevaux, elle était emportée depuis huit jours vers un pays nouveau, **d'où** ils ne reviendraient plus. »

c. « On marchait au pas à cause des grandes dalles, et il y avait par terre des bouquets de fleurs **que** vous offraient des femmes habillées en corset rouge. »

d. « Et puis ils arrivaient, un soir, dans un village de pêcheurs, **où** des filets bruns séchaient au vent, le long de la falaise et des cabanes. »

e. « Emma ne s'endormait que le matin, **quand** l'aube blanchissait les carreaux et **que** déjà le petit Justin ouvrait les auvents de la pharmacie. »

f. Les phrases **qui** précèdent sont extraites du roman de Gustave Flaubert, *Madame Bovary.*

g. Emma Bovary est une jeune femme **qui** épouse un médecin médiocre ; elle s'ennuie **tant qu'**elle ne réfléchit pas aux situations **dans lesquelles** elle se place.

Exercice 4

Dans le texte suivant, souligne en vert une phrase simple, en bleu deux propositions indépendantes juxtaposées, puis surligne les propositions subordonnées.

Je suis né à Genève en 1712, d'Isaac Rousseau, citoyen, et de Suzanne Bernard, citoyenne. Un bien fort médiocre à partager entre quinze enfants ayant réduit presque à rien la portion de mon père, il n'avait pour subsister que son métier d'horloger, dans lequel il était à la vérité fort habile. Ma mère, fille du ministre Bernard, était plus riche ; elle avait de la sagesse et de la beauté ; ce n'était pas sans peine que mon père l'avait obtenue.

Jean-Jacques Rousseau, *Les Confessions.*

Exercice 5

Dans chaque phrase, souligne la proposition principale et place la subordonnée entre crochets. Indique si cette subordonnée peut être supprimée ou non.

a. J'aimerais bien que les hommes cessent de détruire leur environnement.

....

b. Dès que j'ai fini mon livre, je te le prête ; il te plaira.

....

c. Le logiciel que j'ai installé est très performant ; je te le conseille.

....

d. Nous avions décidé que nous irions en Australie.

....

Brouillon

Corrigés des exercices

Exercice 1

a. *Oh ! ma mère ! ma mère ! ; Rien qu'une fois !*
b. Phrases de forme exclamative : « J'ai peut-être le derrière plus lourd que la tête ! », « Oh ! ma mère ! ma mère ! », « Rien qu'une fois ! », « Vous me fouetterez après, si vous voulez ! ».
c. La première phrase contient une proposition indépendante ; la seconde contient deux propositions indépendantes.

Exercice 2

a. Deux propositions juxtaposées : « Il pleut, nous rentrons chez nous. » ou « Il pleut : nous rentrons chez nous. »
b. Deux propositions coordonnées : « Nous rentrons chez nous car il pleut. »
c. Une proposition principale et une proposition subordonnée : « Nous rentrons chez nous parce qu'il pleut. »

Exercice 3

a. tandis qu'il… côtés. **b.** d'où ils ne reviendraient plus. **c.** que vous… rouge.
d. où des filets… cabanes. **e.** quand l'aube… carreaux ; et que… pharmacie.
f. qui précèdent. **g.** qui… médiocre ; tant qu'elle… situations ; dans lesquelles elle se place.

Exercice 4

Phrase simple : Je suis né… citoyenne. / Deux propositions indépendantes juxtaposées : Ma mère… riche ; elle avait… beauté. / Les subordonnées : dans lequel… habile ; que mon père l'avait obtenue.

Exercice 5

a. J'aimerais bien [que les hommes cessent de détruire leur environnement].
→ subordonnée essentielle que l'on ne peut pas supprimer
b. [Dès que j'ai fini mon livre], je te le prête ; il te plaira. → subordonnée que l'on peut supprimer
c. Le logiciel [que j'ai installé] est très performant ; je te le conseille. → subordonnée que l'on peut supprimer
d. Nous avions décidé [que nous irions en Australie]. → subordonnée essentielle que l'on ne peut pas supprimer

La subordonnée relative

Notes

Je retiens le cours

1 Définition et construction

▶ La proposition subordonnée relative appartient au **groupe nominal** : elle donne des précisions sur le nom auquel elle se rapporte.

Ex. : **La revue à laquelle je suis abonnée est un mensuel.**

▶ Comme toute proposition subordonnée, la proposition subordonnée relative est introduite par un mot subordonnant ; ce mot est un **pronom relatif**.

▶ La proposition subordonnée relative peut être placée au milieu de la proposition principale.

Ex. : **La revue à laquelle je suis abonnée est un mensuel.**
La revue est un mensuel **: proposition principale.**
à laquelle je suis abonnée **: proposition subordonnée relative.**

2 Les pronoms relatifs

▶ On distingue :

– les **pronoms relatifs simples** : *qui, que, quoi, dont, où* ;

– les **pronoms relatifs composés** : *lequel, duquel, à laquelle, lesquels…*

▶ Dans la très grande majorité des cas, le pronom relatif a un **antécédent**. L'antécédent d'un pronom relatif est le nom ou le groupe nominal que le pronom relatif remplace.

Ex. : **L'article que je lis est très intéressant (*article* est l'antécédent de *que*).**

▶ Dans de rares cas (proverbes), le pronom *qui* n'a pas d'antécédent.

Ex. : **Qui vivra verra.**

Je comprends comment faire

Accorder le pronom relatif composé avec son antécédent

Le pronom relatif composé s'accorde en genre et en nombre avec son antécédent.

Ex. : **La solution à laquelle je pense vous conviendra.**
Les problèmes auxquels vous êtes confrontés seront bientôt résolus.

Trouver la fonction d'un pronom relatif

Le pronom relatif peut avoir toutes les fonctions d'un nom (sujet, COD, COI, CdN...). Pour trouver cette fonction, il faut remplacer, dans la subordonnée, le pronom par son antécédent.

Ex. : **L'article que je lis est très intéressant.**
Pour trouver la fonction de *que*, je le remplace par son antécédent : *je lis l'article* ; *l'article* est le COD du verbe *lire*, donc *que* est COD du verbe *lire*.

Trouver la fonction d'une subordonnée relative

→ Lorsque le pronom relatif a un antécédent (cas le plus fréquent), la fonction de la subordonnée relative est « complément de l'antécédent ».

→ Lorsque le pronom relatif n'a pas d'antécédent (très rare), il faut regarder le rôle que joue la subordonnée dans la phrase.

Ex. : **Qui dort dîne. La fonction de *qui dort* est sujet du verbe *dîner*.**

→ On veillera à ne pas confondre la fonction du **pronom relatif**, la fonction de **l'antécédent** du pronom relatif et la fonction de la **subordonnée relative**.

Ex. : **Nous avons entendu un chat qui rugissait.**
Un chat (antécédent) : COD du verbe *entendre*.
Qui (pronom) : sujet du verbe *rugir*.
Qui rugissait (subordonnée relative) : complément de l'antécédent *chat*.

Construire une subordonnée relative

Les exercices de transformation conduisent souvent à construire une phrase contenant une subordonnée relative. On veillera à placer la subordonnée **à côté de son antécédent**, à utiliser correctement le pronom *dont*, à **accorder les pronoms composés** *(lequel, laquelle...)* avec leur antécédent.

Ex. : **Je vais te conseiller un film policier. Je ne te raconterai pas la fin du film.**
Je vais te conseiller un film policier dont je ne te raconterai pas la fin.
antécédent — subordonnée relative

Notes

Corrigés p. 66

Brouillon

Je m'entraîne

Exercice 1

Dans les phrases suivantes, extraites du *Colonel Chabert* de Balzac, surligne les propositions subordonnées relatives et entoure l'antécédent du pronom relatif.
Attention ! Toutes les phrases ne contiennent pas nécessairement une subordonnée relative.

a. « Monsieur le comte Ferraud était le fils d'un ancien conseiller au Parlement de Paris, qui avait émigré pendant le temps de la Terreur. »

b. « J'ai eu mille fois raison de repousser tous les Chabert qui sont venus, comme je repousserai tous ceux qui viendront. »

c. « En sautant de place en place, Derville arriva sur le seuil de la porte par où le colonel était sorti. »

d. « Je vous déclare que je ne me mêlerai en rien de cette affaire. »

e. « Il y eut entre la comtesse Ferraud et le colonel Chabert un combat de générosité d'où le soldat sortit vainqueur. »

f. « Six mois après cet événement, Derville, qui n'entendait plus parler ni du colonel Chabert ni de la comtesse Ferraud, pensa qu'il était survenu sans doute entre eux une transaction. »

Exercice 2

Complète les phrases avec le pronom relatif qui convient. Surligne la subordonnée relative.

a. Je peux te prêter le compas .... je ne me sers pas.

b. Le roman .... tu fais allusion est un chef-d'œuvre de Balzac.

c. La branche .... il était suspendu s'est brisée.

d. Tu es le seul .... je vais confier ce secret.

e. À gauche, tu prendras le boulevard au bout .... j'habite.

f. C'est ce en .... tu as parfaitement raison.

g. L'endroit .... est enterré le trésor est presque inaccessible.

h. Pierre .... nous avons regretté l'absence hier a téléphoné pour s'excuser.

Exercice 3

Donne la fonction des pronoms relatifs.

a. Je vais téléphoner à Julien à qui j'ai prêté mon livre de maths et qui a oublié de me le rendre.

....

b. On a découvert en Méditerranée une grotte où se trouvent de magnifiques peintures rupestres.

....

c. Je te présente le correspondant anglais dont je t'ai parlé.

....

Brouillon

Exercice 4

Les phrases qui suivent sont composées de deux propositions indépendantes. Transforme-les de façon à obtenir une phrase complexe contenant une subordonnée relative.

a. J'ai emprunté un roman policier à la bibliothèque ; je l'ai lu en une soirée.

....

....

b. Nous avons atteint le sommet ; du haut de ce sommet, la vue est splendide.

....

....

c. La forêt longeait une plage ; le bord de cette plage était recouvert de galets.

....

....

d. La nouvelle boutique est ouverte ; dans cette boutique, on peut trouver un grand choix de logiciels et de jeux.

....

....

e. Nous avons monté un club vidéo ; Nicolas est le président de ce club.

....

....

f. En 1998, la France a gagné la coupe du monde de football ; elle avait lieu sur son territoire.

....

....

Brouillon

Corrigés des exercices

Exercice 1

a. qui… Terreur (*conseiller*). **b.** qui sont venus (*Chabert*) ; qui viendront (*ceux*). **c.** par où… sorti (*porte*). **e.** d'où… vainqueur (*combat*). **f.** qui… Ferraud (Derville). La subordonnée « *qu'il était survenu* […] *transaction* » est une subordonnée conjonctive.

Exercice 2

a. dont. **b.** auquel. **c.** à laquelle. **d.** à qui. **e.** duquel. **f.** quoi. **g.** où. **h.** dont.

Exercice 3

a. *à qui :* COI du verbe *prêter* ; *qui :* sujet du verbe *oublier*.
b. *où :* CCL du verbe *se trouver.*
c. *dont :* COI du verbe *parler*.

Exercice 4

a. J'ai emprunté à la bibliothèque un roman policier que j'ai lu en une soirée.
b. Nous avons atteint le sommet du haut duquel la vue est splendide.
c. La forêt longeait une plage dont le bord était recouvert de galets.
d. La nouvelle boutique, dans laquelle on peut trouver un grand choix de logiciels et de jeux, est ouverte.
e. Nous avons monté un club vidéo dont Nicolas est le président.
f. En 1998, la France a gagné la coupe du monde de football qui avait lieu sur son territoire.

Les subordonnées interrogative indirecte et conjonctives

Je retiens le cours

1 La proposition subordonnée interrogative indirecte

- **Elle est introduite par un pronom interrogatif** *(qui, que, quoi, lequel, laquelle…)* ou par un adverbe interrogatif *(pourquoi, quand, où, comment…)*.
- Sa fonction est **complément d'objet** du verbe de la proposition principale.

2 Les propositions subordonnées conjonctives

- La subordonnée introduite par la **conjonction de subordination** *que* est une subordonnée **conjonctive complétive**.

Ex. : **Je sais qu'il ne m'a pas menti. (La classe grammaticale de la subordonnée est *conjonctive complétive* ; sa fonction est COD du verbe *savoir*.)**

- Les subordonnées introduites par les autres conjonctions de subordination sont des **conjonctives circonstancielles**. Elles indiquent les circonstances de l'action :

– **le temps** ; *Ex. :* **Quand il fera nuit, le fantôme fera son apparition.**

– **la conséquence** ; *Ex. :* **Il a huilé ses chaînes si bien qu'on ne l'entend pas.**

– **la cause** ; *Ex. :* **On ne l'entend pas parce qu'il a huilé ses chaînes.**

– **le but** ; *Ex. :* **Il a huilé ses chaînes pour qu'on ne l'entende pas.**
Ex. : **Soyez vigilants de peur qu'il ne vous surprenne.**

– **l'opposition** ; *Ex. :* **Bien qu'il traîne des chaînes, on ne l'entend pas.**

– **l'hypothèse**. *Ex. :* **S'il vous entend parler, il ne viendra pas.**

Notes

▶ Le verbe de la proposition subordonnée conjonctive complétive ou circonstancielle est au **mode indicatif** lorsque l'action est présentée comme certaine ; il est au **mode subjonctif** lorsque l'action n'est pas présentée comme certaine.

Ex. : **Je sais que tu viens (indicatif) → action certaine.**
Je veux que tu viennes (subjonctif) → action incertaine.

Notes

Je comprends comment faire

▶ Ne pas confondre subordonnée relative et subordonnée interrogative indirecte

Si l'on excepte les très rares subordonnées relatives sans antécédent, on peut distinguer les relatives des interrogatives en considérant **le mot subordonnant** qui les introduit :

– **le pronom interrogatif** n'a pas d'antécédent ;

Ex. : **Je me demande qui a téléphoné.**
sub. interrogative indirecte

– **le pronom relatif** a un antécédent.

Ex. : **C'est mon frère qui a téléphoné.**
↑ antécédent ↑ sub. relative

▶ Identifier une subordonnée introduite par *que*

Selon la classe grammaticale de *que*, la subordonnée sera relative, interrogative ou conjonctive.

→ ***que*** **a un antécédent :** c'est un pronom relatif, il introduit une subordonnée **relative**.

Ex. : **Voici un film que j'ai beaucoup aimé.**

→ ***que*** **(*ce que*) est un pronom sans antécédent :** à moins que ce ne soit un des rares cas de pronom relatif sans antécédent, c'est un pronom interrogatif ; il introduit une subordonnée **interrogative indirecte**.

Ex. : **Je me demande bien ce que tu fais.**

→ ***que*** **n'est pas un pronom,** il ne remplace rien : c'est une conjonction de subordination ; celle-ci introduit une subordonnée **conjonctive complétive**.

Ex. : **Nous aimerions que tu nous chantes une de tes chansons.**

Corrigés p. 72

Je m'entraîne

Brouillon

Exercice 1

Dans les phrases suivantes, indique si les subordonnées en gras sont relatives, interrogatives indirectes, conjonctives complétives ou conjonctives circonstancielles.

a. Je voudrais savoir **où aura lieu la réunion d'information sur l'orientation en fin de troisième**.

....

b. La conseillère d'orientation a suggéré **que je prenne contact avec quelqu'un du métier**.

....

c. **Depuis qu'il est tout petit,** il est passionné par la géologie.

....

d. Je ne sais pas **quelle est la meilleure filière pour préparer ce concours**.

....

e. La brochure **que je vais vous distribuer** présente les choix possibles après la troisième.

....

f. **Si vous voulez être médecin**, vous devez connaître la longueur des études.

....

g. Je voudrais **que vous m'expliquiez votre métier**.

....

Exercice 2

Dans le texte suivant, relève les propositions subordonnées et donne leur classe grammaticale.

Les voyageurs ne manquèrent pas de ramasser l'or, les rubis et les émeraudes. « Où sommes-nous ? s'écria Candide, il faut que les enfants des rois de ce pays soient bien élevés puisqu'on leur apprend à mépriser l'or et les pierreries. » [...] Cacambo [...] entendit qu'on parlait péruvien ; c'était sa langue maternelle ; car tout le monde sait que Cacambo était né au Tucuman, dans un village où on ne connaissait que cette langue.

VOLTAIRE, *Candide*.

....

....

....

....

....

....

....

....

....

....

....

....

....

....

....

....

Brouillon

Exercice 3

Transforme l'indépendante en gras en une proposition subordonnée circonstancielle dont tu préciseras le sens.

a. **Le ciel est couvert** ; ce n'est pas la peine d'emporter un parasol.

....

....

b. **Son train a eu du retard** ; il a manqué la correspondance.

....

....

c. Il s'est entraîné ; **il a amélioré ses performances**.

....

....

d. **Le téléphone a sonné** ; Victor s'est précipité pour prendre l'appel.

....

....

Exercice 4

Surligne les propositions subordonnées et donne leur classe grammaticale et leur fonction.

a. Comme tu étais en retard, nous sommes partis sans toi.

....

....

b. Je ne sais pas qui a touché à mon tiroir secret !

....

....

Brouillon

Corrigés des exercices

Exercice 1

a. interrogative indirecte. **b.** conjonc. complétive. **c.** conjonc. circonstancielle.
d. interrogative indirecte. **e.** relative. **f.** conjonc. circonstancielle.
g. conjonc. complétive.

Exercice 2

que les enfants … élevés : sub. complétive ; puisqu'on … pierreries : sub. circonstancielle de cause ; qu'on parlait péruvien : sub. complétive ; que Cacambo … village : sub. complétive ; où on ne … langue : sub. relative.

Exercice 3

a. Si le ciel est couvert… (condition) ou Comme (puisque, étant donné que) le ciel est couvert… (cause).
b. Comme (puisque, étant donné que) son train… (cause).
c. … si bien qu'il a amélioré… (conséquence).
d. … quand (lorsque) le téléphone… (temps).

Exercice 4

a. Comme tu étais en retard : subordonnée conjonctive circonstancielle, complément circonstanciel de cause.
b. qui a touché à mon tiroir secret : subordonnée interrogative indirecte, COD du verbe *savoir*.

Partie 2

Conjugaison

Teste tes connaissances

Coche, pour chaque exercice, la (ou les) bonne(s) réponse(s).
Reporte-toi ensuite aux corrigés, p. 75.

Leçon 11 page 77

1 Dans la phrase « *Ce matin, je travaille.* », le présent est :

a. un présent d'énonciation (actualité). ☐
b. un présent d'habitude. ☐
c. un présent de narration. ☐

2 L'imparfait peut évoquer :

a. une action de premier plan. ☐
b. une habitude. ☐
c. un décor. ☐

Leçon 12 page 83

3 La (les) forme(s) correcte(s) au présent de l'indicatif est (sont) :

a. je vaux. ☐
b. j'éteins. ☐
c. je répond. ☐

4 La (les) forme(s) correcte(s) au passé simple de l'indicatif est (sont) :

a. je proposai. ☐
b. nous vînmes. ☐
c. nous disâmes. ☐

Leçon 13 page 89

5 Les formes au présent du subjonctif sont :

a. que tu aies. ☐
b. que tu crois. ☐
c. que tu saches. ☐

6 Les formes qui peuvent être à l'impératif présent sont :

a. Tiens. ☐
b. Cours. ☐
c. Marches. ☐

Leçon 14 page 95

7 À la voix passive, la phrase « *Le Nôtre a dessiné les jardins de Versailles.* » devient :

a. Les jardins de Versailles sont dessinés par Le Nôtre. ☐
b. Les jardins de Versailles ont été dessinés par Le Nôtre. ☐
c. Les jardins de Versailles avaient été dessinés par Le Nôtre. ☐

8 La phrase contenant un complément d'agent est :

a. Cette comédie sera jouée demain à 20 h. ☐
b. Nous nous sommes rencontrés par hasard. ☐
c. Nos calculs ont été vérifiés par notre professeur. ☐

Leçon 15 page 101

9 La phrase correctement orthographiée est :

a. Je répétai mes gammes au piano chaque soir. ☐
b. J'ouvris la porte et me retrouvai dans un immense salon. ☐
c. Lorsque le jour se leva, je me décidais à sortir. ☐

10 Les phrases correctement orthographiées sont :

a. Je voudrais deux baguettes s'il vous plaît. ☐
b. Je passerai demain à la poste. ☐
c. Si tu me montrais ton exercice, je pourrai t'expliquer. ☐

Leçon 16

page 107

11 Dans la phrase « *En nous* […], *nous avons observé des oiseaux* […]. », les mots manquants sont :

a. promenant, étonnant. ☐
b. promenants, étonnant. ☐
c. promenant, étonnants. ☐

12 Les phrases correctement orthographiées sont :

a. Nous avons déjà mangé la tarte que nous avons confectionnés. ☐
b. Merci pour ces journaux, je les ai lus avec plaisir. ☐
c. Regarde les cheveux de Clara ; elle se les est coupés. ☐

Corrigés

1. a – **2.** b, c – **3.** a, b – **4.** a, b – **5.** a, c – **6.** a, b – **7.** b – **8.** c – **9.** b – **10.** a, b – **11.** c – **12.** b, c

Les valeurs des modes et des temps

Je retiens le cours

1 Modes et temps

Les six modes

• L'indicatif, le conditionnel, le subjonctif et l'impératif sont les quatre modes personnels.

• L'infinitif et le participe sont les deux modes impersonnels.

Temps simples et composés

Chaque temps simple permet de former un temps composé. Ainsi le mode indicatif comporte quatre temps simples et quatre temps composés, le mode subjonctif deux temps simples et deux temps composés…

2 Les valeurs des modes personnels

L'indicatif exprime des actions certaines.

Le subjonctif exprime des actions dont la réalisation est possible mais pas certaine.

Ex. : **Je souhaite que tu viennes. (Subjonctif : l'action de *venir* n'est pas certaine.)**

L'impératif exprime un ordre, un conseil, une invitation, une supplication.

Ex. : **Courez ! Commencez plutôt par la leçon. Venez dîner jeudi. Aidez-moi !**

Le conditionnel exprime souvent une action soumise à une hypothèse.

3 Le présent

Les principales valeurs du présent sont :

– présent d'**énonciation** ou d'**actualité** : il exprime une action qui se produit au moment où l'on parle ;

– présent de **vérité générale** : il exprime une action réelle ou imaginaire, toujours vraie ;

Notes

– présent d'**habitude** : il exprime une action qui se répète ;
– présent de **narration** : il permet de rapporter une action passée en la rendant vivante.

4 Le futur et le conditionnel présent

▶ **Le futur** exprime une action qui aura lieu dans l'avenir. Il peut aussi exprimer un ordre.

Ex. : **Tu rangeras tes affaires ! Je viendrai demain.**

▶ **Le conditionnel présent** exprime un futur dans le passé ou une action soumise à une hypothèse.

Ex. : **Il m'a dit qu'il serait là. Si tu me le demandais, je viendrais.**

5 L'imparfait et le passé simple

▶ **L'imparfait** (action non limitée) **et le passé simple** (action limitée) sont les deux **temps complémentaires du récit** écrit au passé.

Ex. : **Je dormais (imparfait) quand l'orage éclata (passé simple).**

▶ **L'imparfait** peut exprimer une habitude, un décor (description) et une action de second plan.

Je comprends comment faire

▶ Identifier un temps composé

À chaque temps simple correspond un temps composé :
– **passé composé :** auxiliaire au présent **(j'ai décidé, je suis venu(e))** ;
– **futur antérieur :** auxiliaire au futur **(j'aurai décidé, je serai venu(e))** ;
– **plus-que-parfait :** auxiliaire à l'imparfait **(j'avais décidé, j'étais venu(e))** ;
– **passé antérieur :** auxiliaire au passé simple **(j'eus décidé, je fus venu(e))** ;
– **conditionnel passé :** auxiliaire au conditionnel présent **(j'aurais décidé, je serais venu(e))** ;
– **passé du subjonctif :** auxiliaire au présent du subjonctif **(que j'aie décidé, que je sois venu(e))**.

▶ Donner la valeur d'un temps composé

Les temps composés expriment une action achevée, accomplie, antérieure au temps simple correspondant.

Ex. : **Quand j'aurai lu ce roman, je te le prêterai.**
(L'action de *lire* est accomplie avant celle de *prêter*.)

Notes

Je m'entraîne

Corrigés p. 82

Brouillon

Exercice 1

Entoure les verbes qui expriment une action certaine.

Je l'aiderai. – Il faut que tu m'aides. – Aide-moi. –

Lis cet article. – Il n'est pas sûr qu'il pleuve. – Il a plu.

Exercice 2

Précise la valeur du présent dans chacune des phrases suivantes.

a. Le lundi, je vais à la piscine.

....

b. Je te téléphone pour te proposer d'aller à la patinoire.

....

c. La tortue et le serpent sont deux reptiles.

....

d. À cet instant, le chevalier se retourne et aperçoit le félon qui le surveille.

....

e. Je révise les valeurs des temps de l'indicatif.

....

f. Le renard s'approche de l'arbre où se tient le corbeau.

....

g. Les habitants de Jupiter ont tous quatre bras.

....

Brouillon

Exercice 3

Dans les phrases suivantes, indique le temps et la valeur des verbes en gras.

a. Chaque été, nous **retrouvions** nos cousins dans la maison de campagne familiale.

....

b. Quand vous **aurez fini** votre partie de cartes, vous irez acheter du pain.

....

c. Les planètes **gravitent** autour du Soleil.

....

d. La maison **était délabrée** ; une lumière **indiquait** cependant une présence.

....

Exercice 4

Indique le mode des verbes en gras et justifie leur emploi.

a. **Dépêche**-toi de ranger cette chambre !

....

....

b. Je ne pense pas qu'il **fasse** beau demain.

....

....

c. Hier, j'**ai croisé** notre professeur de maths à la boulangerie.

....

....

Brouillon

Exercice 5

Lis le texte et réponds aux questions.

« Alors Rebecca caresse de la main la courbe bien fuselée (selon son goût) du réservoir, geste qu'elle a vu faire aux cavaliers sur l'encolure, puis elle revient à la poignée d'admission et elle ouvre en grand l'entrée des gaz. »

André Pieyre de Mandiargues, *La Motocyclette*, © Gallimard.

a. Réécris la phrase en la transposant au passé.

....

....

....

b. Quels temps du passé as-tu employés ? Justifie l'emploi de ces temps. ....

....

....

Exercice 6

Aussitôt, il extirpa de la poche quatre (en bas, à droite) de son gilet le tube de verre dont le fond était garni de cyanure de potassium et que nous commencions à bien connaître. Ma mère fronça les sourcils, mais ne dit rien. Elle respectait la science.

Hervé Bazin, *Vipère au poing*, © Grasset.

a. Quels sont les temps utilisés ? Justifie leur emploi.

....

....

b. Quelle est la valeur particulière du temps employé dans l'expression *Elle respectait la science* ?

....

Corrigés des exercices

Exercice 1

Je l'aiderai ; il faut ; il n'est pas, il a plu.

Exercice 2

a. habitude. **b.** énonciation (actualité). **c.** vérité générale. **d.** présent de narration. **e.** énonciation (actualité). **f.** narration. **g.** vérité générale.

Exercice 3

a. imparfait d'habitude. **b.** futur antérieur (antériorité par rapport au verbe de la prop. principale). **c.** présent de vérité générale. **d.** imparfait de description (*était délabrée* est un imparfait passif).

Exercice 4

a. Impératif ; ordre. **b.** Subjonctif ; action incertaine. **c.** Indicatif ; action certaine.

Exercice 5

a. caressa… avait vu faire… revint… ouvrit…
b. Le passé simple est le temps du récit, il rapporte des événements qui s'enchaînent ; le plus-que-parfait évoque une action antérieure au temps du récit proprement dit.

Exercice 6

a. Les temps utilisés sont : le passé simple et l'imparfait (*était garni* est un imparfait passif). Le passé simple se rapporte à des actions limitées dans le temps et qui s'enchaînent ; c'est le temps de la narration. L'imparfait exprime une action non limitée dans le temps : on ne sait pas exactement depuis quand le fond est garni de cyanure de potassium ni depuis quand nous *commencions*.
b. L'imparfait de *respectait* exprime une vérité générale non limitée dans le temps.

L'indicatif et le conditionnel

Je retiens le cours

1 Le présent

▸ 1er groupe

Les terminaisons sont toujours : *-e, -es, -e, -ons, -ez, -ent.*

Aller n'est pas un verbe du 1er groupe, mais du 3e groupe.

▸ 2e groupe (verbes en *-ir*, participe présent : *-issant*)

Les terminaisons sont toujours : *-is, -is, -it, -issons, -issez, -issent.*

▸ 3e groupe

Il existe quatre sortes de terminaisons :

– *-s, -s, -t, -ons, -ez, -ent* pour les verbes *partir, dire, croire…*

– *-ds, -ds, -d, -ons, -ez, -ent* pour les verbes en *-dre*, sauf ceux en *-indre* et *-soudre* qui se conjuguent comme *partir.*

– *-e, -es, -e, -ons, -ez, -ent* pour les verbes *cueillir, offrir…*

– *-x, -x, -t, -ons, -ez, -ent* pour les verbes *vouloir, pouvoir* et *valoir.*

2 Le futur et le présent du conditionnel

Quel que soit le groupe, le futur et le présent du conditionnel ont le même radical (très souvent l'infinitif du verbe) :

– futur : **je crierai, tu crieras, il criera, nous crierons, vous crierez, ils crieront.**

– présent du conditionnel : **je crierais, tu crierais, il crierait, nous crierions, vous crieriez, ils crieraient.**

3 L'imparfait

Les terminaisons sont toujours :
-ais, -ais, -ait, -ions, -iez, -aient.

Ex. : **je partais, nous criions, vous envoyiez.**

Notes

4 Le passé simple

▸ **Verbes en -*er* :** *-ai, -as, -a, -âmes, -âtes, -èrent.*

Ex. : **je chantai, tu chantas…**

▸ **Verbes des 2e et 3e groupes :**

Ex. : **je finis, je partis,**
je courus, je vins.

en *i*	en *u*	en *in*
-is	*-us*	*-ins*
-is	*-us*	*-ins*
-it	*-ut*	*-int*
-îmes	*-ûmes*	*-înmes*
-îtes	*-ûtes*	*-întes*
-irent	*-urent*	*-inrent*

5 Les temps composés

Les temps composés des différents modes se conjuguent avec l'auxiliaire *avoir* ou l'auxiliaire *être* :

– le **passé composé** (**j'ai dit, nous sommes allés**) ;
– le **futur antérieur** (**j'aurai dit, nous serons allés**) ;
– le **plus-que-parfait** (**j'avais dit, nous étions allés**) ;
– le **passé antérieur** (**j'eus dit, nous fûmes allés**) ;
– le **conditionnel passé** (**j'aurais dit, nous serions allés**).

Je comprends comment faire

▸ Bien conjuguer les verbes en *-ier*

Il faut faire attention à la conjugaison des verbes en *-ier*.
Ils se conjuguent ainsi :

– au présent : **je crie** ;
– au futur : **je crierai** ;
– à l'imparfait : **nous criions**.

▸ Bien conjuguer les verbes en *-yer*

→ Devant un **e** muet, le **y** se transforme en **i**.

Ex. : **j'appuie, j'appuierai ; je nettoie, je nettoierai.**

→ Seuls les verbes en ***-ayer*** présentent deux formes.

Ex. : **je paie, je paye ; je paierai, je payerai.**

→ À l'imparfait, le **y** du radical est, pour les deux premières personnes du pluriel, suivi du **i** de la terminaison.

Ex. : **nous appuyions, vous payiez.**

Notes

Corrigés p. 88

Brouillon

Je m'entraîne

Exercice 1

Complète le tableau suivant.

Infinitif	Présent	Futur
a. écrire	il	ils ....
b. broyer	elles	vous ....
c. s'écrier	tu	tu ....
d.	nous	je peindrai
e. peigner	vous	vous ....
f.	je	tu suivras
g.	je sais	je ....

Exercice 2

Réécris les phrases au présent et au futur.

a. Je conclus puis recopiai mon devoir.

....

b. J'avouai mon erreur au lieu de la cacher et je résolus ainsi le problème.

....

....

c. Théo éteignit la lumière en partant mais oublia de fermer la fenêtre.

....

....

Brouillon

Exercice 3

Complète le tableau suivant.

Participe passé	Imparfait	Passé simple
a. conduit	tu	tu ....
b.	vous	nous criâmes
c. écrit	ils	ils ....
d.	nous	vous sciâtes
e.	nous	tu craignis
f.	il vivait	je ....
g. vu	nous	vous ....
h.	je venais	nous ....
i.	nous longions	je ....

Exercice 4

Indique l'infinitif et le temps de chaque verbe.

a. il savait → ....

b. je verrais → ....

c. nous vérifions → ....

d. ils auront mérité → ....

e. je pris → ....

f. je prie → ....

g. il serait entré → ....

h. nous gagnions → ....

i. j'avais imaginé → ....

Exercice 5

Donne les formes verbales correspondant aux indications suivantes.

a. *s'asseoir :* imparfait, 2e personne du pluriel.

....

b. *répondre :* présent, 3e personne du singulier.

....

c. *oublier :* présent du conditionnel, 1re personne du singulier.

....

d. *accueillir :* imparfait, 1re personne du pluriel.

....

e. *vendre :* passé simple, 1re personne du singulier.

....

f. *revenir :* passé simple, 3e personne du singulier.

....

Exercice 6

Dans chacune des séries suivantes, trouve l'intrus et barre-le.

a. je courrai, je marchai, je pensai, je dansai, je vérifiai.

b. nous oublions, nous crions, nous parions, nous partions, nous vérifions.

c. descendus, entrevus, courus, entendus, vendus.

d. nous venions, nous viendrons, nous venons, nous vîmes, nous étions venus, nous serons venus.

e. j'ai été, je saurai, je fus, j'avais été, j'étais, j'eus été.

Brouillon

Corrigés des exercices

Exercice 1

a. il écrit ; ils écriront. **b.** elles broient ; vous broierez. **c.** tu t'écries ; tu t'écrieras. **d.** peindre ; nous peignons. **e.** vous peignez ; vous peignerez. **f.** suivre ; je suis. **g.** savoir ; je saurai.

Exercice 2

a. Je conclus puis recopie mon devoir.
Je conclurai puis recopierai mon devoir.
b. J'avoue mon erreur au lieu de la cacher et je résous ainsi le problème.
J'avouerai mon erreur au lieu de la cacher et je résoudrai ainsi le problème.
c. Théo éteint la lumière en partant mais oublie de fermer la fenêtre.
Théo éteindra la lumière en partant mais oubliera de fermer la fenêtre.
Les verbes en *-indre (il éteint)* et en *-oudre (je résous)* se conjuguent comme *partir* et non comme les autres verbes en *-dre*.

Exercice 3

a. tu conduisais ; tu conduisis. **b.** crié ; vous criiez. **c.** ils écrivaient ; ils écrivirent. **d.** scié ; nous sciions. **e.** craint ; nous craignions. **f.** vécu ; je vécus. **g.** nous voyions ; vous vîtes. **h.** venu ; nous vînmes. **i.** longé ; je longeai.

Exercice 4

a. Savoir, imparfait. **b.** Voir, conditionnel présent. **c.** Vérifier, présent. **d.** Mériter, futur antérieur. **e.** Prendre, passé simple. **f.** Prier, présent. **g.** Entrer, conditionnel passé. **h.** Gagner, imparfait. **i.** Imaginer, plus-que-parfait.

Exercice 5

a. vous vous asseyiez. **b.** il répond. **c.** j'oublierais. **d.** nous accueillions. **e.** je vendis. **f.** il revint.

Exercice 6

a. je courrai (futur) ; les autres verbes sont au passé simple. **b.** nous partions (imparfait) ; les autres verbes sont au présent. **c.** courus (peut aussi être au passé simple) ; les autres verbes ne peuvent être que des participes passés au pluriel.
d. nous vîmes (verbe *voir*) ; les autres formes appartiennent au verbe *venir*.
e. je saurai (verbe *savoir*) ; les autres formes appartiennent au verbe *être*.

Le subjonctif et l'impératif

Notes

Je retiens le cours

1 Le subjonctif

▸ **Le subjonctif compte deux temps simples et deux temps composés :**

– le **présent** : les terminaisons sont toujours : *-e, -es, -e, -ions, -iez, -ent* sauf pour *avoir* et *être* ;

Ex. : **que je coure, que tu coures, qu'il coure, que nous courions, que vous couriez, qu'ils courent.**

– l'**imparfait** : il se forme à partir du passé simple de l'indicatif ;

Ex. : **que je portasse, que tu portasses, qu'il portât, que nous portassions, que vous portassiez, qu'ils portassent.**

– le **passé** : l'auxiliaire (*être* ou *avoir*) est au présent du subjonctif ;

Ex. : **que j'aie porté, que tu aies porté, qu'il ait porté, que nous ayons porté, que vous ayez porté, qu'ils aient porté. que je sois venu(e), que tu sois venu(e), qu'elle soit venue, que nous soyons venu(e)s, que vous soyez venu(e)s, qu'ils soient venus.**

– le **plus-que-parfait** : l'auxiliaire est à l'imparfait du subjonctif.

Ex. : **que j'eusse porté, que tu eusses porté, qu'il eût porté, que nous eussions porté, que vous eussiez porté, qu'ils eussent porté. que je fusse venu(e), que tu fusses venu(e), qu'elle fût venue, que nous fussions venu(e)s, que vous fussiez venu(e)s, qu'ils fussent venus.**

▸ ***Avoir* et *être* au présent du subjonctif**

• ***Avoir :*** que j'aie, que tu aies, qu'il ait, que nous ayons, que vous ayez, qu'ils aient.

• ***Être :*** que je sois, que tu sois, qu'il soit, que nous soyons, que vous soyez, qu'ils soient.

▸ **Le subjonctif se rencontre essentiellement dans les propositions subordonnées** ; il exprime une **action incertaine** car soumise à la réalisation de l'action exprimée par le verbe de la proposition principale.

On peut aussi utiliser le subjonctif **pour remplacer l'impératif**.

Ex. : **Qu'il vienne me voir à cinq heures précises.**

2 L'impératif

- **L'impératif** ne se conjugue qu'à **trois personnes**.
- **L'impératif présent** reprend le plus souvent les formes du présent de l'indicatif.

Ex. : parler : **parle, parlons, parlez** ; *finir* : **finis, finissons, finissez** ;
prendre : **prends, prenons, prenez** ; *ouvrir* : **ouvre, ouvrons, ouvrez** ;
savoir : **sache, sachons, sachez** ; *aller* : **va, allons, allez.**

- **L'impératif passé** est moins employé.

Ex. : finir : **aie fini, ayons fini, ayez fini.**

Je comprends comment faire

Conjuguer un verbe au présent du subjonctif

Pour conjuguer un verbe au présent du subjonctif, il faut le faire précéder de « il faut que » et se rappeler qu'au singulier les terminaisons sont : *-e, -es, -e*.

Ex. : aller → **il faut que j'aille** ; *prendre* → **il faut que je prenne** ;
voir → **il faut que je voie…**

Reconnaître un verbe au présent du subjonctif

Pour savoir si un verbe est au présent du subjonctif quand cela n'apparaît pas, il faut le remplacer par le verbe *prendre.*

Ex. : **Je crois qu'il se prépare (prend). → indicatif**
Je voudrais qu'il se prépare (prenne). → subjonctif

Bien écrire un verbe à l'impératif

Sauf pour des raisons de liaison, on ne rencontre pas la terminaison *-es* à l'impératif.

Ex. : Avoir : **aie une bonne note** ; *parler :* **parle plus fort** ;
ouvrir : **ouvre cette porte.**
Mais : retournes-y, cueilles-en (pour la liaison).

Attention au verbe *aller* à la 2e personne du singulier :
va, vas-y, va-t'en !

Notes

Corrigés p. 94

Je m'entraîne

Brouillon

Exercice 1

Complète le tableau suivant.

Infinitif	Présent de l'indicatif	Présent du subjonctif
a.	je sais	que tu ....
b. courir	tu	que je ....
c. mourir	nous	que vous ....
d. nourrir	vous	qu'ils ....
e.	ils	que je puisse
f. écrire	tu	que tu ....
g.	je	que je m'assoie
h. crier	vous	que nous ....
i. résoudre	il	que je ....
j.	je vois	qu'il ....

Exercice 2

Réécris les phrases en remplaçant le verbe en gras par le verbe entre parenthèses.

a. Je **sais** que tu dis la vérité. *(vouloir)*

....

b. Je **pense** que tu réussis mieux en natation. *(souhaiter)*

....

Explique la transformation.

....

Exercice 3

Complète les phrases en mettant le verbe entre parenthèses au présent du subjonctif.

a. Le professeur veut que Lucas .... son rôle la semaine prochaine. *(savoir)*

b. Nous souhaitons que les parents ne .... pas admis dans la salle lors de la répétition générale. *(être)*

c. Mes grands-parents voudraient acheter une petite maison qui .... un grand jardin. *(avoir)*

d. Je ne crois pas qu'il .... à cette heure-ci, il a dû avoir un empêchement. *(venir)*

e. Pensez-vous qu'il .... encore possible de trouver un billet pour la finale ? *(être)*

f. Je ne pense pas qu'il .... venir. *(pouvoir)*

Exercice 4

Écris les verbes suivants à la première personne du singulier du présent du subjonctif.

a. savoir : ....

b. écrire : ....

c. dire : ....

d. prendre : ....

e. avoir : ....

f. lire : ....

g. voir : ....

h. aller : ....

Brouillon

Exercice 5

Mets les verbes entre parenthèses au passé du subjonctif.

a. Il faut que tu *(terminer)* .... les rangements avant que je *(revenir)* .... à la maison.

b. Connais-tu quelqu'un qui *(réussir)* .... cet exercice ?

c. Bien que j' *(manquer)* .... un épisode, j'ai pu suivre le feuilleton.

d. Que tu *(oubliier)* .... une fois de plus tes clés n'étonne personne !

e. Tom a tout réussi sans qu'il *(avoir)* .... besoin d'aide.

Exercice 6

Parmi les formes verbales suivantes, coche celles qui peuvent être à l'impératif.

a. jouez ☐
b. cours ☐
c. viens ☐
d. prends ☐
e. manges ☐
f. sachent ☐
g. fais ☐
h. réponds ☐
i. sois ☐
j. voies ☐

Brouillon

Corrigés des exercices

Exercice 1

a. savoir ; que tu saches. **b.** tu cours ; que je coure. **c.** nous mourons ; que vous mouriez. **d.** vous nourrissez ; qu'ils nourrissent. **e.** pouvoir ; ils peuvent.
f. tu écris ; que tu écrives. **g.** s'assoir ; je m'assois. **h.** vous criez ; que nous criions.
i. il résout ; que je résolve. **j.** voir ; qu'il voie.

Exercice 2

a. Je veux que tu dises la vérité.
b. Je souhaite que tu réussisses mieux en natation.
Le verbe de la subordonnée est au subjonctif parce que le verbe de la principale exprime un ordre ou un souhait.

Exercice 3

a. que Lucas sache. **b.** soient. **c.** ait. **d.** vienne. **e.** soit. **f.** puisse.

Exercice 4

a. que je sache. **b.** que j'écrive. **c.** que je dise. **d.** que je prenne.
e. que j'aie. **f.** que je lise. **g.** que je voie. **h.** que j'aille.

Exercice 5

a. que tu aies terminé ; que je sois revenu(e). **b.** qui ait réussi.
c. bien que j'aie manqué. **d.** que tu aies oublié. **e.** ait eu.

Exercice 6

À cocher : **a.** jouez. **b.** cours. **c.** viens. **d.** prends. **g.** fais. **h.** réponds. **i.** sois.

Le passif

Notes

Je retiens le cours

1 Définition

▶ **Seuls les verbes qui se construisent avec un COD** (transitifs directs) peuvent se mettre à la voix passive.

▶ **À l'actif**, le sujet **agit** et c'est le COD qui subit l'action.

Ex. : **La mer** (sujet) **use** **la falaise** (COD).

▶ **Au passif**, le sujet est passif : il **subit** l'action et c'est le complément d'agent (CA) qui agit.

Ex. : **La falaise** (sujet) **est usée** **par la mer** (CA).

2 La transformation passive

▶ On appelle transformation passive d'une phrase la réécriture de cette phrase à la voix passive.

Actif → **La rivière charrie de gros galets.**

Passif → **De gros galets sont charriés par la rivière.**

• L'expression qui était **sujet** à la voix active devient **complément d'agent** à la voix passive (**la rivière**).

• L'expression qui était **COD** à la voix active devient **sujet** à la voix passive (**de gros galets**).

▶ Lors de la transformation d'une phrase au passif, on veillera à bien conserver le **même temps** pour le verbe et à accorder le participe passé (conjugué avec *être*) avec le sujet.

3 Le complément d'agent

- Le complément d'agent est introduit par la préposition ***par*** et parfois ***de***.

Ex. : **Il est estimé par tous ; il est estimé de tous.**

- Le verbe au passif n'est pas toujours accompagné d'un complément d'agent.

Ex. : **Les consignes ont été données.**

Notes

Je comprends comment faire

Repérer un temps à la voix passive

À chaque forme active correspond une forme au passif.

Ex. : **Présent actif : elle regarde → Présent passif : elle est regardée**
Futur actif : elle regardera → Futur passif : elle sera regardée
Passé composé actif : elle a regardé
→ Passé composé passif : elle a été regardée

Ainsi, pour identifier le temps d'un verbe au passif, on ne considérera que **l'auxiliaire**.

Distinguer la voix active et la voix passive

Une forme verbale composée de l'auxiliaire *être* et d'un participe passé peut être une forme verbale passive ou bien la forme composée active d'un verbe qui se conjugue toujours avec l'auxiliaire *être*.

Ex. : **Elles sont arrivées. → passé composé actif (Le verbe *arriver* se conjugue avec l'auxiliaire *être*.)**
Elles sont récompensées. → présent passif (Le verbe *récompenser* se conjugue avec l'auxiliaire *avoir* à l'actif : elles ont récompensé.)

Pour repérer un verbe à la voix passive, on regarde si l'on peut lui **ajouter « par quelqu'un »**.

Ex. : **Elles sont récompensées par quelqu'un. → voix passive (indicatif présent)**
Elles sont arrivées ~~par quelqu'un~~. → voix active (indicatif passé composé)

Corrigés p. 100

Brouillon

Je m'entraîne

Exercice 1

Parmi les formes verbales suivantes, souligne celles qui sont au passif. Attention ! L'auxiliaire *être* peut être utilisé à l'actif.

a. il a déjeuné

b. nous étions entrés

c. nous aurions voulu

d. il avait été reconnu

e. elles seront venues

f. nous sommes étonnés

g. ils auront été retenus

h. tu t'es promené

i. il fut surpris

j. elle est appelée

k. qu'il soit entendu

l. ils seraient devenus

m. vous auriez été conseillés

n. nous avons été encouragés

Exercice 2

En examinant l'auxiliaire, donne le mode et le temps des formes passives suivantes.

a. elle est ouverte : ....

b. ils étaient rassurés : ....

c. que tu sois récompensé : ....

d. il avait été entraîné : ....

e. sois félicité : ....

f. vous seriez contraints : ....

g. elles auront été découvertes : ....

h. tu seras imité : ....

i. elle a été surprise : ....

Brouillon

Exercice 3

Dans les couples de phrases suivants, surligne le verbe au passif et indique son mode et son temps.

a. Romane était venue en avance. Romane était accompagnée par son frère.

....

b. Je suis sélectionnée pour le championnat ! Je suis partie avant la fin du spectacle.

....

c. Il faut que tu sois rassuré. J'espérais que tu te sois réveillé de bonne humeur.

....

d. Quand le chat fut reparti, les souris respirèrent. La nouvelle fut rapidement diffusée.

....

Exercice 4

En utilisant le pronom *elles*, mets les verbes suivants à la voix passive. Le temps doit rester le même.

Exemple : **il aime → elles sont aimées**

a. il reconnaît : ....

b. il saura : ....

c. il a vu : ....

d. il avait deviné : ....

e. il raconta : ....

f. il aura vérifié : ....

g. qu'il prenne : ....

Exercice 5

Dans les phrases suivantes, surligne les compléments d'agent (s'il y en a) et entoure le verbe (ou le participe) auquel ils se rattachent.

a. Encouragé par son entraîneur et par ses amis, il a remporté la victoire.

b. Le malfaiteur sera entré par la porte de la cave et aura ensuite gagné les étages.

c. Il aurait été aperçu par un électricien qui réparait la minuterie de l'escalier.

Exercice 6

Réécris au passif les phrases suivantes.

a. Notre classe prépare la mise en scène des *Femmes savantes* de Molière. ....

....

b. Le professeur d'arts plastiques a conseillé notre troupe pour le choix des décors.

....

....

c. On a préparé également des rafraîchissements et des gâteaux pour l'entracte.

....

d. Le journal du collège mais aussi la presse locale annonceront la date et le lieu de notre représentation.

....

....

Brouillon

Corrigés des exercices

Exercice 1

d. **f.** **g.** **i.** **j.** **k.** **m.** **n.**

Exercice 2

a. ind. présent. **b.** ind. imparfait. **c.** subj. présent. **d.** ind. plus-que-parfait.
e. imp. présent. **f.** cond. présent. **g.** ind. fut. ant. **h.** ind. futur simple.
i. ind. passé composé.

Exercice 3

a. était accompagnée → indicatif imparfait passif
b. suis sélectionnée → indicatif présent passif
c. sois rassuré → subjonctif présent passif
d. fut diffusée → indicatif passé simple passif

Exercice 4

a. elles sont reconnues. **b.** elles seront sues. **c.** elles ont été vues.
d. elles avaient été devinées. **e.** elles furent racontées.
f. elles auront été vérifiées. **g.** qu'elles soient prises.

Exercice 5

a. *par son entraîneur et par ses amis* (encouragé).
c. *par un électricien* (été aperçu).

Exercice 6

a. La mise en scène des *Femmes savantes* de Molière est préparée par notre classe.
b. Pour le choix des décors, notre troupe a été conseillée par le professeur d'arts plastiques.
c. Des rafraîchissements et des gâteaux ont également été préparés pour l'entracte.
d. La date et le lieu de notre représentation seront annoncés par le journal du collège mais aussi par la presse locale.

Les terminaisons à ne pas confondre

Je retiens le cours

1 Passé simple et imparfait de l'indicatif : *-ai* ou *-ais*

▶ Pour les verbes du **1er groupe** (et *aller*) à la 1re personne du singulier, il faut **distinguer l'imparfait et le passé simple.**

Ex. : **Je travaillai puis rejoignis mes amis.**
passé simple
Je travaillais quand retentit l'alarme.
imparfait

▶ Le **passé simple** exprime une **action limitée dans le temps** alors que **l'imparfait** rend compte d'une **action qui dure**.

▶ Pour éviter la confusion entre ***-ai*** et ***-ais***, on met le verbe à la 3e personne du singulier.

Ex. : **Il travailla (passé simple → je travaillai) puis rejoignit ses amis.**
Il travaillait (imparfait → je travaillais) quand retentit l'alarme.

2 Futur de l'indicatif et conditionnel présent : *-rai* ou *-rais*

▶ Pour tous les verbes, à la 1re personne du singulier, il faut **distinguer le futur et le conditionnel présent.**

Ex. : **Cet été, je ferai de l'escalade.**
futur
Je ferais de l'escalade si je n'avais pas peur.
présent du conditionnel

▶ Pour éviter la confusion entre ***-rai*** et ***-rais***, on met le verbe à la 3e personne du singulier.

Ex. : **Cet été, il fera (futur → je ferai) de l'escalade.**
Il ferait (conditionnel présent → je ferais) de l'escalade s'il n'avait pas peur.

Notes

3 Présent de l'indicatif et présent du subjonctif

▸ **Au singulier**, certains verbes se prononcent de la même manière au présent de l'indicatif et au présent du subjonctif.

Ex. : **Je sais que tu vois bien de loin. J'aimerais que tu voies bien de loin.**
indicatif — subjonctif

▸ **Aux deux premières personnes du pluriel**, les verbes en ***-ier***, ***-yer*** et quelques autres verbes se prononcent de la même façon au présent de l'indicatif et au présent du subjonctif.

Ex. : **Je pense que nous n'oublions rien. Il faut que nous n'oubliions rien.**
indicatif — subjonctif

Je comprends comment faire

▸ Tenir compte du groupe du verbe

→ Au présent de l'indicatif notamment, il est essentiel de considérer le groupe du verbe pour écrire sa terminaison au singulier.

Ex. : **Je lui écris *(écrire)* un message.**
Je m'écrie *(s'écrier)* : « Formidable ! »
Je distribue *(distribuer)* les copies.
Je conclus *(conclure)* mon devoir.

→ Au futur et au conditionnel présent, on retrouve un -e muet pour certains verbes du 1er groupe.

Ex. : **Je parierai *(parier)* sur ta victoire.**
Je sourirais *(sourire)* béatement si elle m'embrassait.

▸ Distinguer le présent et l'imparfait

À l'imparfait, on n'entend pas toujours le *-i* de la terminaison aux deux premières personnes du pluriel.

Ex. : **Nous travaillons (présent), nous travaillions (imparfait) ; nous oublions (présent), nous oubliions (imparfait).**

▸ Distinguer l'indicatif et le subjonctif

Pour choisir le bon mode, il faut remplacer le verbe par ***faire*** (***fais/fasse, faisons/fassions***).

Ex. : **Je sais que tu vois (*Je sais que tu fais* : indicatif) bien / Je sais que vous voyez (*Je sais que vous faites* : indicatif) bien.**
J'aimerais que tu voies (*J'aimerais que tu fasses* : subjonctif) bien / J'aimerais que vous voyiez (*J'aimerais que vous fassiez* : subjonctif) bien.

Notes

Corrigés p. 106

Je m'entraîne

Brouillon

Exercice 1

Complète le tableau.

	1re pers. du sing.		3e pers. du sing.	
	Imparfait	Passé simple	Imparfait	Passé simple
s'écrier	....	....	....	....
déplacer	....	....	....	....
ranger	....	....	....	....
naviguer	....	....	....	....
gagner	....	....	....	....
poser	....	....	....	....

Exercice 2

Complète le tableau.

	1re pers. du sing.		3e pers. du sing.	
	Futur	Conditionnel présent	Futur	Conditionnel présent
approuver	....	....	....	....
faire	....	....	....	....
savoir	....	....	....	....
remuer	....	....	....	....
lire	....	....	....	....
relier	....	....	....	....

Brouillon

Exercice 3

Complète la terminaison (*-ai* ou *-ais*) des verbes en soulignant les passés simples.

a. Autrefois, je pass.......... toutes mes vacances chez mes grands-parents.

b. Je courus, but.......... sur une souche et tomb.......... .

c. Tandis que tu dormais, je travaill.......... !

d. J'aperçus le château maudit et décid.......... de m'en approcher.

Exercice 4

Complète les terminaisons et souligne le(s) verbe(s) au futur.

a. On me répète que je ser.............. un bon comédien.

b. On m'avait promis que je deviendr.............. une célébrité.

c. Si tu me confiais ta tablette, je pourr.............. t'installer un logiciel utile.

d. Je souhaiter.............. que vous veniez avec moi.

Exercice 5

Ajoute la terminaison des verbes : *-is, -ie, -ies* ou *-it*.

Je tradu.......... un texte. – J'oubl.......... tout. – Il suppl.......... son frère. – Il écr.......... une lettre. – Tu recop.......... les devoirs. – Je bond.......... . – Je rel.......... mon devoir. – Je vérif.......... les terminaisons.

Exercice 6

Ajouter la terminaison (*-ue, -ues, -us* ou *-ut*) des verbes et indique leur infinitif, leur mode et leur temps.

a. Au printemps j'étern......... tout le temps.

....

b. L'ogre cour......... avec ses bottes de sept lieues.

....

c. Ne concl......... pas à un accident ; c'est un meurtre !

....

d. Tu contrib......... à protéger l'environnement.

....

Exercice 7

Associe les formes verbales à leur mode et temps.

a. Nous vérifions •	
b. Que nous allions •	• indicatif présent
c. Nous voyons •	• indicatif imparfait
d. Nous partions •	• subjonctif présent
e. Nous riions •	

Exercice 8

Complète les terminaisons des verbes en différenciant les modes indicatif et subjonctif.

a. Il faut vraiment que j'a.................. une bonne note !

b. Le principal souhaite que nous rejoign.................. le collège.

c. Je crois que vous oubl.................. souvent vos affaires de sport.

Brouillon

Corrigés des exercices

Exercice 1

s'écrier : je m'écriais ; je m'écriai ; il s'écriait ; il s'écria.
déplacer : je déplaçais ; je déplaçai ; il déplaçait ; il déplaça.
ranger : je rangeais ; je rangeai ; il rangeait ; il rangea.
naviguer : je naviguais ; je naviguai ; il naviguait ; il navigua.
gagner : je gagnais ; je gagnai ; il gagnait ; il gagna.
poser : je posais ; je posai ; il posait ; il posa.

Exercice 2

approuver : j'approuverai ; j'approuverais ; il approuvera ; il approuverait.
faire : je ferai ; je ferais ; il fera ; il ferait.
savoir : je saurai ; je saurais ; il saura ; il saurait.
remuer : je remuerai ; je remuerais ; il remuera ; il remuerait.
lire : je lirai ; je lirais ; il lira ; il lirait.
relier : je relierai ; je relierais ; il reliera ; il relierait.

Exercice 3

a. passais. **b.** butai ; tombai. **c.** travaillais. **d.** décidai.

Exercice 4

a. serai. **b.** deviendrais. **c.** pourrais. **d.** souhaiterais.

Exercice 5

Je traduis un texte. – J'oublie tout. – Il supplie son frère. – Il écrit une lettre. – Tu recopies les devoirs. – Je bondis. – Je relis mon devoir. – Je vérifie les terminaisons.

Exercice 6

a. éternue → *éternuer*, indicatif présent. **b.** courut → *courir* ; indicatif passé simple.
c. conclus → *conclure*, impératif présent. **d.** contribues → *contribuer*, indicatif présent.

Exercice 7

a. Nous vérifions : indicatif présent. **b.** Que nous allions : subjonctif présent.
c. Nous voyons : indicatif présent. **d.** Nous partions : indicatif imparfait.
e. Nous riions : indicatif imparfait.

Exercice 8

a. Il faut vraiment que j'aie (subj.) une bonne note !
b. Le principal souhaite que nous rejoignions (subj.) le collège.
c. Je crois que vous oubliez (ind.) souvent vos affaires de sport.

Les participes présent et passé

Notes

Je retiens le cours

1 Le participe présent, le gérondif et l'adjectif verbal

▶ **Le participe présent** est une forme active du verbe ; il peut avoir des compléments et est **invariable**.

Ex. : **On voyait les patineurs glissant sur la glace.**

▶ **Le gérondif** est le participe présent précédé de la préposition ***en***. Il est **invariable**.

Ex. : **Ils sont tombés en glissant sur une plaque de verglas.**

▶ **L'adjectif verbal** se prononce comme le participe présent mais il ne s'écrit pas toujours de la même manière. Il est **employé comme un adjectif** et il s'accorde donc en genre et en nombre avec le nom auquel il se rapporte.

Ex. : **Évitez de prendre la route ; même les grands axes sont glissants.**

2 Le participe passé

▶ **Le participe passé employé sans auxiliaire** s'accorde en genre et en nombre avec le nom auquel il se rapporte.

Ex. : **Souvent les histoires inventées semblent vraies.**

▶ **Le participe passé employé avec l'auxiliaire *être*** s'accorde avec le sujet.

Ex. : **Cette histoire est inventée. / Elles étaient reparties.**

▶ **Le participe passé employé avec l'auxiliaire *avoir*** ne s'accorde jamais avec le sujet ; il s'accorde avec le COD si celui-ci est placé avant le verbe.

Ex. : **J'ai inventé une histoire. / Voilà l'histoire que j'ai inventée.**
COD

▸ Aller plus loin : le participe passé des verbes pronominaux

→ Le participe passé employé avec un verbe pronominal ne s'accorde pas lorsque le verbe pronominal est suivi d'un COD.

Ex. : **Elle s'est lavé les mains.**

→ Si le COD est placé avant le verbe pronominal, on accorde le participe passé avec le COD.

Ex. : **Ses mains ? Elle se les (COD) est lavées.**

→ Le participe passé d'un verbe pronominal s'accorde avec le sujet quand il n'y a pas de COD.

Ex. : **Elle s'est lavée.**

Je comprends comment faire

▸ Bien orthographier les participes passés

→ Il faut tout d'abord vérifier qu'il s'agit bien d'un participe passé et non d'un verbe à l'imparfait ou d'un infinitif en *-er*.

Ex. : **Il a travaillé. / Il travaillait. / Il va travailler.**

→ Pour connaître l'orthographe d'un participe passé au masculin singulier, on le mettra au féminin, ce qui permet d'entendre la lettre finale.

Ex. : **interdit → interdite ; soumis → soumise ; fini → finie ; peint → peinte.**

▸ Mémoriser quelques adjectifs verbaux

Le participe présent et l'adjectif verbal ne s'écrivent pas toujours de la même manière.

Infinitif	Participe présent	Adjectif verbal
fatiguer	fatiguant	fatigant(e)(s)
naviguer	naviguant	navigant(e)(s)
négliger	négligeant	négligent(e)(s)
convaincre	convainquant	convaincant(e)(s)
précéder	précédant	précédent(e)(s)

Notes

Corrigés p. 112

Brouillon

Je m'entraîne

Exercice 1

Complète les phrases suivantes en écrivant *-ant* ou *-ants*.

a. En examin.................... les échantillons prélevés sur Mars, on peut émettre des hypothèses concern.................... la formation de notre système solaire.

b. Ils se sont montrés reconnaiss.................... .

c. En reconnaiss.................... la voiture du coupable, les témoins ont permis à l'enquête de progresser.

d. Je préfère les quartiers plus viv.................... .

e. Viv.................... dans ce quartier depuis dix ans, ils connaissent presque tous les habitants.

Exercice 2

Dans les phrases suivantes, remplace les verbes entre parenthèses par une forme en *-ant* (adjectif verbal ou participe présent).

a. « Très douée, elle [la vipère] dansait de manière exceptionnelle, *(se tortiller)* .... à souhait, *(suivre)* .... le rythme avec précision, *(sortir)* .... la langue pour ponctuer la séance. »

(T. Ben Jelloun)

b. Le vent « venait se répandre en cris *(ne pas cesser)* .... sur le forum qui s'ouvrait dans le ciel. »

(A. Camus)

Exercice 3

Mets au passé composé les verbes en gras.

a. Les histoires que je **traduis** sont destinées aux enfants.

....

....

b. C'est un château qu'ils **restaurent** eux-mêmes.

....

....

c. Je sais quels sentiments tu **éprouves** car je les **éprouve** aussi.

....

....

d. Les règles que j'**applique** ne sont pas si compliquées.

....

....

Exercice 4

Barre et corrige les participes passés mal orthographiés.

a. « **Fatigué**.............. , trop **âgé**.............. , les serpents ne répondaient plus à la musique de leur maître-charmeur. »

(T. Ben Jelloun)

b. « Le monde en passant sur le quai nous avait **oublié**.............. là, nous autres, entre la rive et l'eau. » (L.-F. Céline)

c. « Il y a, parmi les élèves, une petite fille qui porte des lunettes. Elle les a **posée**.............. sur une chaise, avant de commencer le cours. » (P. Modiano)

Brouillon

Brouillon

Exercice 5

Dans les phrases suivantes, orthographie correctement les participes passés en gras (narrateur au masculin).

a. « Elle est **entré**.............. dans l'opéra. C'était la fin de l'après-midi, un samedi, je m'en souviens. Il n'y avait presque personne dans la bâtisse, seulement le concierge sourd et quelques élèves **attardé**.............. . Dès que je suis **entré**.............. , c'est comme si je l'avais **reconnu**.............. tout de suite avant de l'avoir **vu**.............. . » (J.-M. G. Le Clézio)

b. « Je l'ai **vu**.............. . Elle était debout, **vêtu**.............. de sa robe informe, avec ces escarpins blancs à talons hauts qui donnaient l'impression que ses jambes étaient **arqué**.............. . » (J.-M. G. Le Clézio)

Exercice 6

Verbes pronominaux : complète les phrases suivantes avec le participe passé du verbe entre parenthèses.

a. Nous nous sommes .... car nous étions en retard. *(presser)*

b. Elle s'est .... deux oranges. *(presser)*

c. Elle s'est .... à un poteau dans la rue. *(cogner)*

d. Elle a mal aux doigts car elle se les est .... en sortant le gâteau du four. *(brûler)*

Corrigés des exercices

Exercice 1

a. examinant, concernant. **b.** reconnaissants. **c.** reconnaissant. **d.** vivants. **e.** Vivant.

Exercice 2

a. se tortillant, suivant, sortant. **b.** incessants.

Exercice 3

a. Les histoires que j'ai traduites sont…
b. C'est un château qu'ils ont restauré eux-mêmes.
c. Je sais quels sentiments tu as éprouvés car je les ai éprouvés aussi.
d. Les règles que j'ai appliquées…

Exercice 4

a. Fatigués, trop âgés, les serpents…
b. Le monde… nous avait oubliés (accord avec *nous*)…
c. Elle les a posées…

Exercice 5

a. Elle est entrée… quelques élèves attardés. Dès que je suis entré… je l'avais reconnue… l'avoir vue.
b. Je l'ai vue. Elle était debout ; vêtue de sa robe… ses jambes étaient arquées.

Exercice 6

a. pressés. **b.** pressé. **c.** cognée. **d.** brûlés (accord avec *les* mis pour *doigts*).

Partie 3

Lecture et écriture

Teste tes connaissances

Coche, pour chaque exercice, la (ou les) bonne(s) réponse(s).
Reporte-toi ensuite aux corrigés, p. 115.

Leçon 17 page 117

1 On compte dans les genres narratifs :

a. la comédie. ☐
b. l'autobiographie. ☐
c. la nouvelle. ☐

2 Le vers « *Maître Corbeau sur un arbre perché* » est :

a. un octosyllabe. ☐
b. un décasyllabe. ☐
c. un alexandrin. ☐

Leçon 18 page 123

3 Au discours indirect, la phrase « *Viendras-tu ?* » devient :

a. Mathilde demande à Baptiste s'il viendra ? ☐
b. Mathilde demande à Baptiste s'il viendra. ☐
c. Mathilde demanda à Baptiste s'il viendrait. ☐

4 La phrase correcte est :

a. – Quelle bonne idée, s'écria Julia ! ☐
b. – Quelle bonne idée ! s'écria Julia. ☐
c. – Quelle bonne idée ! S'écria Julia. ☐

Leçon 19 page 129

5 Dans la phrase « *La fourmi n'est pas prêteuse.* », on relève :

a. une métaphore. ☐
b. une personnification. ☐
c. un oxymore. ☐

6 Dans la phrase « *Ma chambre est vaste comme une salle de bal.* », on relève :

a. une comparaison. ☐
b. une litote. ☐
c. une hyperbole. ☐

Leçon 20 page 135

7 Quand une image montre un personnage à partir de ses genoux, on parle de :

a. plan rapproché. ☐
b. plan moyen. ☐
c. plan américain. ☐

8 Une information implicite est :

a. sous-entendue. ☐
b. clairement exprimée. ☐
c. inaccessible au lecteur ou au spectateur. ☐

Leçon 21 page 141

9 La phrase correcte est :

a. Il m'a demandé si j'étais prêt ? ☐
b. Je suis prêt ; Nous partons. ☐
c. Que lis-tu ? ☐

10 Le connecteur qui peut introduire une conclusion est :

a. ensuite. ☐
b. ainsi. ☐
c. depuis. ☐

Leçon 22 page 147

11 Pour réussir un devoir d'expression écrite, il faut absolument :

a. respecter la consigne. ☐
b. rédiger correctement. ☐
c. être original. ☐

12 Pour traiter un sujet contenant l'expression « *vous raconterez* », il faut absolument :

a. présenter des arguments. ☐
b. écrire un récit. ☐
c. écrire un devoir à la première personne. ☐

Leçon 23 page 153

13 L'autobiographie :

a. est un genre narratif. ☐
b. est une fiction. ☐
c. s'écrit à la première personne. ☐

14 Quand la description est faite du point de vue d'un des personnages de l'histoire, on parle de :

a. point de vue omniscient. ☐
b. point de vue interne. ☐
c. point de vue externe. ☐

Leçon 24 page 159

15 L'énonciation :

a. est toujours une communication écrite. ☐
b. suppose un locuteur et un destinataire. ☐
c. se situe dans un certain cadre spatio-temporel. ☐

16 L'autobiographie est :

a. fictive. ☐
b. un récit à la 1re personne. ☐
c. un journal intime. ☐

Leçon 25 page 165

17 Dans un texte argumentatif, les procédés de style contribuent à :

a. emporter l'adhésion du lecteur. ☐
b. convaincre le lecteur. ☐
c. persuader le lecteur. ☐

18 Discuter une thèse suppose :

a. qu'on l'explique. ☐
b. qu'on la défende. ☐
c. qu'on la réfute. ☐

Corrigés

1. b, c – **2.** b – **3.** b, c – **4.** b – **5.** b – **6.** a, c – **7.** c – **8.** a – **9.** c – **10.** b – **11.** a, b – **12.** b – **13.** a, c – **14.** b – **15.** b, c – **16.** b – **17.** a, c – **18.** a, b, c

Les textes littéraires

Notes

Je retiens le cours

1 Les types de textes

▶ **Le texte narratif** raconte une histoire réelle ou fictive.

▶ **Le texte descriptif** présente un lieu, un objet, un personnage en précisant ses différentes caractéristiques et en créant une impression (admiration, peur, etc.).

▶ **Le texte explicatif** explique une situation, un fonctionnement.

▶ **Le texte argumentatif** cherche à transmettre une opinion en utilisant des arguments, un raisonnement, des procédés de style.

▶ **Les différents types de textes** peuvent se rencontrer dans des genres variés. Dans un roman, on croise des passages narratifs, descriptifs et parfois explicatifs ou argumentatifs.

2 Les principaux genres littéraires

▶ **Les genres narratifs** sont le **roman**, la **nouvelle** (court récit), le **conte** (court récit qui exprime une leçon, une morale), l'**autobiographie** (récit de sa propre vie), la **biographie**.

▶ **Le texte théâtral** est destiné à être représenté sur une scène.

- La **comédie** dénonce des défauts par le rire. L'histoire se finit bien.
- La **tragédie** inspire crainte et pitié. L'histoire se finit mal.

▶ **Le texte poétique**, en vers réguliers, en vers libres ou en prose, transmet des émotions en utilisant les différentes ressources de la langue (vocabulaire, sonorités).

Je comprends comment faire

Comprendre un texte

→ Il faut d'abord lire le texte en entier et dégager les informations **explicites** (claires) : que se passe-t-il ? Qui sont les personnages ? Quel est le cadre de l'action ?

→ Il faut ensuite comprendre ce qui est **implicite** (sous-entendu). On pourra s'interroger :

• À quelle époque ce passage a-t-il été écrit ? Dans quelles circonstances ?

• À qui le texte est-il destiné ?

• De quel type de texte s'agit-il ? De quel genre ?

• Quelles sont les intentions de l'auteur ? Pourquoi a-t-il écrit ce texte ?

• Quelle est l'idée générale de ce texte ? Quelles en sont les différentes étapes ?

Connaître les règles de versification

Pour étudier un poème traditionnel, il faut connaître quelques **points de versification** :

→ Il existe trois principales **sortes de vers** : l'**alexandrin** (12 syllabes), le **décasyllabe** (10 syllabes) et l'**octosyllabe** (8 syllabes).

→ Il existe trois principales **sortes de rimes** : les **rimes plates** (a, a, b, b), les **rimes croisées** (a, b, a, b) et les **rimes embrassées** (a, b, b, a).

→ Les **-e** se prononcent devant une consonne.

***Ex. :* « Une grenouille vit un bœuf. » → Ce vers est un octosyllabe.**

→ Dans un poème, un groupe de vers s'appelle une **strophe**. Le mot « paragraphe » ne s'emploie que pour un texte en prose.

Savoir lire un poème du XXe ou XXIe siècle

La poésie moderne s'est affranchie des règles de la versification. Il faut donc montrer quelles sont les libertés prises par le poète : absence de rimes, vers libre, poème en prose, absence de ponctuation...
Le choix des mots et des images peut être déroutant et on doit dégager ce que l'on ressent (plutôt que ce que l'on comprend) à la lecture du poème.

Notes

Corrigés p. 122

Brouillon

Je m'entraîne

Exercice 1

Indique à quel type de texte et à quel genre appartiennent les extraits suivants.

a. « En approchant de son usine, le père Sorel appela Julien de sa voix de stentor ; personne ne répondit. Il ne vit que ses fils aînés, espèces de géants qui, armés de lourdes haches, équarrissaient les troncs de sapins, qu'ils allaient porter à la scie. » (STENDHAL)

....

b. « Carmen est maigre, un trait de bistre
Cerne son œil de gitana.
Ses cheveux sont d'un noir sinistre,
Sa peau, le diable la tanna. » (T. GAUTIER)

....

c. « J'étais le seul garçon dans cette ronde, où j'avais amené ma compagne toute jeune encore, Sylvie, une petite fille du hameau voisin, si vive, si fraîche, avec ses yeux noirs, son profil régulier et sa peau légèrement hâlée. » (G. DE NERVAL)

....

d. « La liberté politique dans un citoyen est cette tranquillité d'esprit qui provient de l'opinion que chacun a de sa sûreté ; et pour qu'on ait cette liberté, il faut que le gouvernement soit tel qu'un citoyen ne puisse pas craindre un autre citoyen. » (MONTESQUIEU)

....

e. « DOM JUAN – Il n'y a plus de honte maintenant à cela : l'hypocrisie est un vice à la mode, et tous les vices à la mode passent pour vertus. » (MOLIÈRE)

....

Exercice 2

Lis le texte et réponds aux questions.

La Vouivre ? Mais la Vouivre, mon petit, c'est un serpent. Enfin, quand je dis serpent, il ne faudrait pas imaginer quelque chose qui ressemble à une vipère ou à une couleuvre. Non. Et pour commencer : elle est bien plus grande. Plus grande qu'une vipère et même plus grande qu'un homme. Je ne sais au juste, mais au moins longue comme la moitié de la cuisine, et capable de se dresser toute droite sur sa queue. [...]

Quand j'étais toute petite, j'ai connu un vieillard qui avait connu un homme plus âgé que lui, dont le grand-père avait rencontré un vieux qui avait vu la Vouivre comme je te vois en ce moment.

Marcel Aymé, *La Vouivre*, Gallimard, 1972.

a. Relève les mots qui montrent que le récit est autobiographique et qu'il s'agit d'une narratrice.

....

....

b. À qui s'adresse cette narratrice ? Justifie ta réponse.

....

....

c. Quelle image de la Vouivre ce texte évoque-t-il ?

....

....

d. À ton avis, la Vouivre existe-t-elle ? Justifie ta réponse.

....

....

e. Relève les éléments caractéristiques du style oral.

....

....

Brouillon

Exercice 3

Lis le texte et réponds aux questions.

Après le tremblement de terre qui avait détruit les trois quarts de Lisbonne, les sages du pays n'avaient pas trouvé un moyen plus efficace pour prévenir une ruine totale que de donner au peuple un bel auto-da-fé ; il était décidé par l'université de Coïmbre que le spectacle de quelques personnes brûlées à petit feu, en grande cérémonie, est un secret infaillible pour empêcher la terre de trembler.
[...] on vint lier après le dîner le docteur Pangloss et son disciple Candide, l'un pour avoir parlé, et l'autre pour avoir écouté avec un air d'approbation : tous deux furent menés séparément dans des appartements d'une extrême fraîcheur, dans lesquels on n'était jamais incommodé du soleil ; huit jours après ils furent tous deux revêtus d'un *san-benito*, et on orna leurs têtes de mitres de papier : la mitre et le *san-benito* de Candide étaient peints de flammes renversées et de diables qui n'avaient ni queues ni griffes ; mais les diables de Pangloss portaient griffes et queues, et les flammes étaient droites. [...] Candide fut fessé en cadence, pendant qu'on chantait ; [...] et Pangloss fut pendu, quoique ce ne soit pas la coutume. Le même jour, la terre trembla de nouveau avec un fracas épouvantable.

VOLTAIRE, *Candide ou l'Optimisme*, 1759.

a. Dégage les quatre étapes du texte en donnant un titre à chacune d'elles.

....

....

b. Surligne les phrases qui mentionnent un tremblement de terre. Qu'observes-tu ? Qu'en déduis-tu ?

....

....

c. Quels crimes Pangloss et Candide ont-ils commis ? Quels sont leurs châtiments respectifs ? Que dénonce ici Voltaire ?

....

....

Brouillon

Corrigés des exercices

Exercice 1

a. texte narratif, roman. **b.** texte descriptif, poésie. **c.** texte descriptif, autobiographie.
d. texte argumentatif, essai. **e.** texte argumentatif, théâtre.

Exercice 2

a. Le pronom personnel *je* et le déterminant possessif *mon* marquent la présence d'un narrateur dans ce texte autobiographique ; l'adjectif au féminin *petite* précise qu'il s'agit d'une narratrice.
b. La narratrice s'adresse à un enfant comme le montre l'apostrophe *mon petit*.
c. La Vouivre est une sorte de très grand serpent.
d. La Vouivre n'existe pas. D'abord, la description que le narrateur en fait est celle d'un animal fantastique *(quelque chose, bien plus grande, plus grande qu'un homme…)*. Ensuite, la narratrice n'a pas vu l'animal *(je ne sais au juste)* ; ce ne sont que des récits transmis de génération en génération, comme le montre le dernier paragraphe *(un vieillard, un homme plus âgé, le grand-père, un vieux)*.
e. *mon petit, enfin, Non, Et pour commencer, je ne sais au juste, comme je te vois en ce moment* sont des éléments caractéristiques du style oral.

Exercice 3

a. 1. Décision des sages. 2. Arrestation de Pangloss et Candide. 3. Cérémonie de l'autodafé. 4. Nouveau tremblement de terre.
b. On observe que les phrases qui évoquent le tremblement de terre sont placées au début et à la fin du passage ainsi qu'à la fin du premier paragraphe.
On en déduit que bien qu'un sacrifice ait eu lieu, la terre ne cesse pas de trembler. La décision des sages n'est donc pas infaillible et ces derniers ne sont finalement pas du tout sages.
c. Pangloss est arrêté « *pour avoir parlé* », mais on ne sait pas ce qu'il a dit, et Candide « *pour avoir écouté avec un air d'approbation* », mais il ne s'agit que d'un air. Les crimes sont quasi inexistants.
Les châtiments sont, au contraire, très sévères : Pangloss est pendu (il ne mourra pas) et Candide fessé.
On en déduit que la justice est particulièrement injuste : Voltaire dénonce les institutions judiciaires et religieuses de son temps.

Les paroles rapportées

Je retiens le cours

On appelle **parole rapportée** les mots qu'un personnage a prononcés et qui sont rapportés dans un récit. Les quatre sortes de discours correspondent aux quatre façons de rapporter les paroles.

Notes

1 Le discours direct

▶ **Le narrateur** rapporte directement les paroles du personnage.

Ex. : **Elle lui répondit : « Je ne suis pas tout à fait d'accord. »**

▶ **L'intonation** de la phrase est exprimée par la **ponctuation** : points d'interrogation, d'exclamation, de suspension.

▶ **La parole** est introduite par un **tiret** ou des **guillemets**.

▶ **Parfois, la réplique** est liée au récit grâce à une courte **proposition incise** (**dit-il ; répond-il…**). Elle est au minimum constituée d'un verbe introducteur *(dire, demander, répondre…)* et de son sujet inversé.

▶ Le **discours direct** rend **vivant** le récit dans lequel il est inséré.

2 Le discours indirect

▶ Le discours n'est pas rapporté directement ; on n'entend pas parler le personnage. La parole est insérée dans le récit car elle est rapportée dans une **proposition subordonnée**.

▶ L'intonation n'est pas reproduite ; les paroles ne sont pas signalées par des tirets ou des guillemets.

Ex. : **– Es-tu d'accord ? → Il lui demanda si elle était d'accord.**
discours direct — discours indirect : pas de point d'interrogation ni de tiret

3 Le discours indirect libre

▸ C'est un style **intermédiaire entre le discours direct et le discours indirect**. La parole est insérée dans le récit comme dans un discours indirect mais le lecteur perçoit l'intonation comme dans le discours direct.

Ex. : **La servante réfléchit. Madame lui accorderait-elle un jour de congé ?**

▸ L'intonation de la phrase est exprimée par la ponctuation. La parole rapportée n'est ni introduite par un tiret, ni placée entre guillemets.

▸ Le **discours indirect libre** permet **d'entrer dans les pensées du personnage** et de s'identifier à lui.

4 Le discours narrativisé

Les paroles ne sont pas rapportées dans leur intégralité mais résumées.

Ex. : **Paul raconta ses magnifiques vacances en Italie.**

Je comprends comment faire

▸ Réécrire un discours direct en discours indirect

→ La **proposition introductrice** ou **incise** devient **proposition principale** et la **ponctuation** change.

→ Attention à **la concordance des temps** : le verbe qui était au présent dans la réplique se met au passé si le verbe de la principale est au passé ; s'il était au futur, il se met au conditionnel présent (futur dans le passé).

Ex. : **« Viendras-tu ? » demanda-t-elle. → Elle lui demanda s'il viendrait.**

Notes

Corrigés p. 128

Je m'entraîne

Brouillon

Exercice 1

Réécris les phrases suivantes en les corrigeant.

a. – Comment est-il entré dans la pièce, demanda l'enquêteur.

....

....

b. Il m'a demandé qu'est-ce que j'avais fait.

....

c. L'inspecteur demanda qui était entré dans le salon en dernier ?

....

....

d. Il cria entrez ! La porte n'est pas fermée !

....

e. – Qui a touché aux empreintes ? Questionna-t-il.

....

....

f. Il a expliqué à l'inspecteur « qu'il avait un rendez-vous chez le dentiste ce jour-là ».

....

....

g. Pourquoi n'avez-vous pas téléphoné immédiatement à la police, demanda-t-il au suspect ?

....

....

Exercice 2

Dans les répliques suivantes, remplace le verbe *dire* par le verbe introducteur le plus adapté.

***Verbes introducteurs :* avouer, hésiter, répéter, hurler, suggérer, s'impatienter, murmurer.**

a. – C'est moi qui ai cassé cette vitre, dit-il.

....

....

b. – Mais ils ne sont pas encore arrivés ! dit-il.

....

....

c. – La première ou la deuxième à droite, dit-il.

....

....

d. – Et si on invitait Charles ? dit-il.

....

....

e. – Chut ! C'est un secret ! dit-il.

....

f. – Certainement pas ! Certainement pas ! dit-il.

....

....

g. – Attention ! Cette route est terriblement dangereuse ! dit-il.

....

....

Brouillon

Exercice 3

Écris au style indirect les phrases suivantes extraites d'*Aurélien* d'Aragon.

a. « Vous n'avez guère l'air d'une Provençale », lui avait-il dit.

....

b. – Oh, s'exclama Mme Barbentane, Mary a bon dos !

....

c. – Voulez-vous danser ? demanda Edmond.

....

Exercice 4

Lis le texte et réponds aux questions.

« Elle travaille ? »

« Non, pas encore, Monsieur », dit Aama ; elle dit « Monsieur » quand elle a peur.

« Mais elle va travailler ici ? »

« Oui, Monsieur, si elle trouve du travail. Ce n'est pas facile de trouver du travail pour une jeune fille. »

Jean-Marie Gustave Le Clézio, *Désert*, © Gallimard.

a. Souligne une proposition incise.

b. Réécris le dialogue en utilisant des tirets.

....

....

....

....

....

....

....

Brouillon

Corrigés des exercices

Exercice 1

a. Il faut remplacer la virgule après *pièce* par un point d'interrogation.
b. En discours indirect, on doit dire « ce que » au lieu de « qu'est-ce que ».
Il m'a demandé ce que j'avais fait.
c. On ne met pas de point d'interrogation dans une interrogation indirecte.
d. Il faut signaler la parole (*entrez ! La porte n'est pas fermée !*) par les deux-points et des guillemets. *Il cria : « Entrez ! La porte n'est pas fermée ! »*
e. Il ne faut pas mettre de majuscule à *questionna*.
f. On ne met pas de guillemets au style indirect.
g. Il faut remplacer la virgule par un point d'interrogation et le point d'interrogation par un point.

Exercice 2

a. avoua-t-il. **b.** s'impatienta-t-il. **c.** hésita-t-il. **d.** suggéra-t-il.
e. murmura-t-il. **f.** répéta-t-il. **g.** hurla-t-il.
Lorsque tu rédiges un dialogue, pense à varier les verbes introducteurs. Il est toujours possible d'utiliser un verbe plus précis que *dire, demander* ou *répondre.*

Exercice 3

a. Il lui avait dit qu'elle n'avait guère l'air d'une Provençale.
b. Mme Barbentane s'exclama que Mary avait bon dos.
c. Edmond lui demanda si elle voulait danser.

Exercice 4

a. dit Aama.
b. – Elle travaille ?
– Non, pas encore, Monsieur, dit Aama ; elle dit « Monsieur » quand elle a peur.
– Mais elle va travailler ici ?
– Oui, Monsieur, si elle trouve du travail. Ce n'est pas facile de trouver du travail pour une jeune fille.

Notes

Les procédés de style

Je retiens le cours

La spécificité d'un texte repose en partie sur certains choix de vocabulaire ou de syntaxe effectués par l'auteur : ce sont les **procédés de style**. Ces procédés sont nombreux et variés ; tu dois apprendre les plus courants.

1 Les images

▸ **La comparaison** consiste à rapprocher deux éléments par un outil de comparaison *(comme, pareil à, ainsi que…)*.

Ex. : **Il ouvre des yeux ronds comme des billes.**
(des yeux : comparé ; comme : outil de comparaison ; des billes : comparant)

▸ **La métaphore** est une comparaison sous-entendue car l'outil de comparaison est absent.

Ex. : **« cette faucille d'or » (Hugo) = la lune.**

▸ **La personnification** consiste à représenter une chose ou un animal sous les traits d'une personne : ils sont **personnifiés**. La majuscule pour un nom commun peut être un signe de personnification.

2 Autres figures de style

▸ **L'oxymore** désigne la réunion de deux termes opposés.

Ex. : **une nuit lumineuse.**

▸ **L'hyperbole** est un mot (ou une expression) exagéré.

Ex. : **Le nez de Cyrano, selon Edmond Rostand, est « un pic », « un roc », « une péninsule ».**

▸ **Dans une répétition**, un mot (ou une expression) est répété. Lorsque ce mot se situe en début de vers ou en début de phrase, on parle d'**anaphore**.

▸ **Dans une énumération**, des mots de même nature se suivent dans une liste.

Ex. : **Victor Hugo a écrit des romans, des poèmes, des pièces de théâtre.**

Notes

▶ **Dans une gradation**, les termes énumérés suivent une progression.

***Ex.* : « Va, cours, vole et nous venge ! » (Corneille)**

▶ **La litote** est une expression qui atténue la réalité mais laisse comprendre qu'elle est intense.

***Ex.* : « Va, je ne te hais point. » (Corneille) (Chimène aime Rodrigue.)**

▶ **Le parallélisme** désigne des constructions identiques qui se succèdent.

***Ex.* : Hugo est un poète du XIXe siècle ; Éluard est un poète du XXe siècle.**

▶ **Le chiasme** est un procédé de symétrie qui croise des termes.

***Ex.* : Il faut manger pour vivre et non vivre pour manger.**

a b b a

Je comprends comment faire

▶ Identifier un procédé

→ Pour repérer un procédé dans un texte, il est nécessaire de connaître précisément le nom des différents procédés.

→ En lisant le texte, certaines phrases te frappent ou t'émeuvent particulièrement : en les regardant de près, tu t'apercevras que l'auteur a employé une image, une énumération, une opposition qui ont capté ton attention.

▶ Commenter un procédé

→ Il ne suffit pas d'identifier un procédé de style, il faut aussi voir **quel est son rôle dans le texte**.

→ Certains procédés (comparaison, métaphore, litote) permettent de dire ce qu'il est difficile d'exprimer autrement.

→ D'autres procédés (hyperbole, gradation...) mettent en relief ce qui est dit pour toucher plus efficacement le lecteur afin de l'amener à partager l'opinion ou/et l'émotion exprimées.

Corrigés p. 134

Je m'entraîne

Brouillon

Exercice 1

Quels sont les procédés dominants dans les citations suivantes ?

a. « Les champs n'étaient point noirs, les cieux n'étaient pas mornes. » (V. Hugo)

....

b. « Je suis hanté. L'Azur ! L'Azur ! L'Azur ! L'Azur ! » (S. Mallarmé)

....

c. « Son regard est pareil au regard des statues. » (P. Verlaine)

....

d. « Les feuilles qui gisaient dans le bois solitaire,
S'efforçant sous ses pas de s'élever de terre
Couraient dans le jardin. » (V. Hugo)

....

e. « Le sable rouge est comme une mer sans limites. » (Leconte de Lisle)

....

f. « Le fleuve est pareil à ma peine
Il s'écoule et ne tarit pas. » (G. Apollinaire)

....

g. « Je me meurs, je suis mort, je suis enterré. » (Molière)

....

Brouillon

Exercice 2

Surligne en jaune les comparaisons et en bleu les métaphores. Entoure, pour les comparaisons, l'outil de comparaison.

a. « Et moi, je suis semblable

à la feuille flétrie. »

(A. DE LAMARTINE)

b. « Les flots, le long du bord,

glissent, vertes couleuvres. »

(V. HUGO)

c. « Et le Temps m'engloutit, minute par minute. »

(C. BAUDELAIRE)

d. « Jardins, vous ressemblez à des manchons de loutre,

à des mouchoirs de dentelle. » (L. ARAGON)

e. « Icebergs, icebergs, cathédrales sans religion de l'hiver

éternel. » (H. MICHAUX)

f. « Grands bois, vous m'effrayez comme des cathédrales. »

(C. BAUDELAIRE)

g. « Midi, Roi des étés, épandu sur la plaine,

Tombe en nappes d'argent des hauteurs du ciel bleu. »

(LECONTE DE LISLE)

h. « Le jour bleuâtre et velouté de la lune descendait dans les intervalles des arbres et poussait des gerbes de lumière jusque dans l'épaisseur des plus profondes ténèbres. »

(F.-R. DE CHATEAUBRIAND)

Brouillon

Exercice 3

Note à côté de chaque passage en gras le numéro du procédé qui lui correspond.

1. hyperbole – 2. chiasme – 3. oxymore – 4. personnification

a. « **Ma sœur étoile est morte,** (..........) – et mon luth constellé

Porte **le soleil noir** (..........) de la mélancolie » (G. DE NERVAL)

b. « Et ce champ me faisait un effet singulier ;

Des cadavres dessous et dessus des fantômes (..........) » (V. HUGO)

c. « **La chair est triste, hélas ! Et j'ai lu tous les livres** (..........) »

(S. MALLARMÉ)

Exercice 4

Lis le texte et réponds aux questions.

Petite, ronde de partout, grasse à lard, avec des doigts bouffis, étranglés aux phalanges, pareils à des chapelets de courtes saucisses, avec une peau luisante et tendue, une gorge énorme qui saillait sous sa robe, [Boule-de-Suif] restait cependant appétissante et courue, tant sa fraîcheur faisait plaisir à voir. **Sa figure était une pomme rouge, un bouton de pivoine prêt à fleurir**, et là-dedans s'ouvraient, en haut, des yeux noirs magnifiques, ombragés de grands cils épais.

Guy de MAUPASSANT, *Boule-de-Suif.*

a. Souligne en bleu deux énumérations d'adjectifs. Pourquoi Maupassant a-t-il recours à ce procédé ?

....

b. Souligne en rouge une comparaison et commente son rôle dans le texte.

....

c. Quel est le procédé utilisé dans l'extrait en gras ?

....

Corrigés des exercices

Exercice 1

a. parallélisme. **b.** répétition. **c.** comparaison. **d.** personnification.
e. comparaison. **f.** comparaison. **g.** gradation.

Exercice 2

Comparaisons :
a. *semblable* à la feuille flétrie. **d.** *ressemblez* à des manchons de loutre, à des mouchoirs de dentelle. **f.** *comme* des cathédrales.
Métaphores :
b. couleuvres. **c.** engloutit. **e.** cathédrales. **g.** nappes d'argent. **h.** gerbes.

Exercice 3

a. « **Ma sœur étoile est morte**, **(4)** – et mon luth constellé / Porte **le soleil noir** **(3)** de la mélancolie »
b. « Et ce champ me faisait un effet singulier ; / **Des cadavres dessous et dessus des fantômes** **(2)** »
c. « **La chair est triste, hélas ! Et j'ai lu tous les livres** **(1)** »

Exercice 4

a. *petite, ronde, grasse* ; *bouffis,* étranglés, *pareils*. Maupassant a recours à ce procédé pour détailler le portrait de son personnage en apportant le plus possible de précisions.
b. *pareils* à *des chapelets de courtes saucisses :* le comparant appartient au champ lexical de la charcuterie, ce qui souligne l'aspect rond et gras du personnage (*ronde*, *grasse*, *luisante* et *tendue*).
c. Le procédé utilisé est une métaphore.

Étudier un texte et une image

Notes

Je retiens le cours

1 Identifier le type de texte

▸ **Les textes littéraires** montrent un véritable travail sur le langage pour émouvoir le lecteur.
Les lettres professionnelles, les articles de journaux, qui sont avant tout utilitaires, ne sont pas, en principe, des textes littéraires.

▸ **Les œuvres littéraires** appartiennent à un **genre** (roman, poésie, théâtre…) et font appel à différents types de **textes** (narratif, descriptif, explicatif ou argumentatif) ; voir p. 117.

▸ **Les procédés de style** permettent à l'écrivain d'exprimer ce qu'il ressent et de toucher son lecteur : comparaison, métaphore, oxymore, hyperbole… (voir p. 129).

2 Les différentes images

▸ On distingue l'image **fixe** de l'image **mobile** (le cinéma).

▸ Les images **fixes** peuvent être : un tableau (différentes techniques), une gravure, une photographie (noir et blanc ou couleur, argentique ou numérique).

▸ Les images peuvent éclairer un texte : bande dessinée, illustration, adaptation d'un roman au cinéma…

Notes

3 L'explicite et l'implicite (texte et image)

▶ **Les informations explicites** sont celles que l'on peut comprendre immédiatement : le lieu, l'époque, le nom des personnages, ce qu'ils font…

▶ **Les informations implicites** sont à déduire de la lecture du texte ou de l'image : les sentiments d'un personnage, les intentions de l'auteur…

Ex. : **« Je n'aime pas quand tu regardes Marie ! » dit Jules à Thomas. (Information explicite : le nom des deux personnages ; information implicite : Jules est jaloux.)**

Je comprends comment faire

▶ Étudier une image en s'appuyant sur des procédés

→ **Le type d'image :** photographie, huile, pastel…

→ **Les lignes :** courbes, droites.

→ **Les couleurs :** noir et blanc, contrastes, nuances…

→ **L'angle de la prise de vue :** en face, sur le côté, en plongée (de haut), en contre-plongée (par-dessous).

→ **Le plan :** tout devant (gros plan, premier plan) ou à l'arrière de la scène (arrière-plan).

→ **L'échelle :** plan d'ensemble, plan de demi-ensemble (ne couvrant qu'une partie du décor), plan moyen (personne en pied), plan américain (cadrage au-dessus du genou), plan rapproché (buste), gros plan (tête et cou), très gros plan (visage).

→ **La fixité ou le mouvement de la caméra (film) :** travelling avant/arrière, caméra portée, effet de zoom…

▶ Répondre à l'écrit à une question sur un texte ou sur une image

→ À l'écrit, il faut soigneusement rédiger la réponse à la question posée. La réponse doit pouvoir être comprise par quelqu'un qui ne connaît pas la question.

→ Il faut donc **reprendre les mots de la question** dans la première phrase de la réponse.

Ex. : **Comment le cinéaste procède-t-il pour inquiéter le spectateur ?**
→ Pour inquiéter le spectateur, le cinéaste…

→ Quand il s'agit d'un texte, la réponse doit être justifiée par des citations et chaque citation doit être placée entre guillemets.

Corrigés p. 140

Je m'entraîne

Brouillon

Exercice 1

Lis le texte et réponds aux questions.

Alors, il porta le verre à ses lèvres et le vida d'une traite. Ensuite, il poussa un cri, chancela, s'appuya à la table. Puis il se tint immobile, haletant, le regard fixe. Tandis que je l'observais, j'eus l'impression qu'il se transformait, qu'il grossissait, grandissait.

D'après Robert Louis Stevenson,
Le Cas étrange du Docteur Jekyll et de Mr Hyde.

a. À quel type de texte appartient l'extrait ?

....

....

b. À quel genre appartient ce passage ?

....

....

c. Surligne les verbes d'action. Quel effet produisent-ils ?

....

....

d. Entoure les indices temporels. Quel effet produisent-ils ?

....

....

e. Quel signe de ponctuation domine ? Pourquoi ?

....

....

f. Quelle impression crée ce passage ? Justifie ta réponse.

....

....

....

Exercice 2

Brouillon

Observe cette image, puis réponds aux questions.

Honoré DAUMIER, « Ayant eu l'heureuse idée d'aller passer le printemps à la campagne », 19,53 × 24,77 cm, lithographie publiée dans *Le Charivari*, 19 mai 1856.

Quels sont les trois plans successifs ? Qu'exprime chacun d'eux ?

....

....

....

....

....

....

....

....

....

....

Exercice 3

Montre que l'image de la page 138 est organisée autour d'un axe de symétrie.

....

....

....

....

....

....

....

....

....

....

Exercice 4

Dans l'image de la page 138, quel effet produit la répétition due à la symétrie ?

....

....

....

....

....

....

....

....

....

....

Brouillon

Corrigés des exercices

Exercice 1

a. Le texte est narratif. **b.** Il s'agit d'un roman de forme autobiographique. **c.** Les verbes d'action : *porta, vida, poussa, chancela, transformait, grossissait, grandissait*. Ces verbes accentuent la tension dramatique. **d.** *Alors*, *Ensuite*, *Puis*, *Tandis que* : ces indices décomposent les actions et contribuent au suspense. **e.** Les virgules dominent pour détacher les actions, rendre le récit haletant et toucher ainsi le lecteur. **f.** Le passage cherche à susciter la peur chez le lecteur. En effet, les verbes d'action sont nombreux et ce qui se passe est violent *(un cri, haletant)*. Le surnaturel contribue également à effrayer le lecteur : *se transformait, grossissait, grandissait.*

Exercice 2

Les trois plans successifs : les deux personnages, la fenêtre et les rideaux, le paysage. Le troisième plan nous donne une image négative de la campagne (pluie et vent) ; le second trace une barrière entre l'intérieur et l'extérieur tandis que la croix de la fenêtre semble enfermer les personnages mais aussi (trait vertical) les séparer l'un de l'autre ; le premier plan exprime l'ennui des deux personnages et dénonce la vie à la campagne.

Exercice 3

Les montants de la fenêtre constituent un axe de symétrie ; les deux personnages semblent se regarder comme dans un miroir. Les éléments du décor soulignent cette symétrie : les deux rideaux, les deux arbres de part et d'autre du montant central de la fenêtre.

Exercice 4

La répétition due à la symétrie montre que la vie à la campagne est répétitive et ennuyeuse. Les personnages n'ont qu'eux-mêmes à regarder. Alors que l'arrière-plan pourrait constituer une ouverture, le caricaturiste choisit d'exprimer au contraire un enfermement (les montants de la fenêtre et le face-à-face muet).

La ponctuation et les connecteurs

Notes

Je retiens le cours

1 Utiliser la ponctuation

Les signes de ponctuation en fin de phrase

• Le **point** marque la fin d'une phrase déclarative ou injonctive.

Ex. : Je reviendrai tout à l'heure. Termine ton exercice.

• Le **point d'interrogation** marque la fin d'une question.

Ex. : Que racontes-tu ?

• Le **point d'exclamation** marque la fin d'une phrase exclamative ou injonctive.

Ex. : Quelle belle surprise ! Viens vite !

• Les **points de suspension** indiquent qu'une phrase est inachevée et que le lecteur doit imaginer la suite.

Ex. : Alors, la porte s'ouvrit lentement...

Les signes de ponctuation en cours de phrase

• La **virgule** marque une pause légère alors que le **point-virgule** marque une pause importante, proche du point.

Ex. : Tom est parti ; il a oublié ses clés, son bonnet et son livre de maths.

• Les **deux-points** introduisent une explication, une parole, une citation…

La ponctuation du dialogue

• Les **guillemets** permettent de signaler une citation ou une parole isolée.

• Les **tirets** sont employés pour un dialogue (plusieurs répliques).

2 Organiser son texte avec des connecteurs

▶ **Les connecteurs temporels** marquent les étapes d'un texte narratif.

Ex. : **d'abord, puis, ensuite, enfin, finalement…**

▶ **Les connecteurs logiques** marquent les étapes d'une argumentation.

Pour marquer les étapes de la réflexion	*d'abord, en premier lieu, puis, dans un second temps, de plus, par ailleurs…*
Pour introduire une conséquence	*donc, en conséquence, par conséquent, si bien que, c'est pourquoi…*
Pour introduire une conclusion	*enfin, pour conclure, en conclusion, ainsi…*

Notes

Je comprends comment faire

▶ Construire un texte

→ Chaque texte est organisé en paragraphes qui développent :

– **pour le récit :** un moment de l'histoire ;

– **pour la description :** portrait physique/moral ; arrière-plan/premier plan ;

– **pour l'argumentation :** un argument accompagné d'un ou deux exemples.

→ Pour marquer le début d'un paragraphe, on décale le texte de deux centimètres par rapport à la marge.

▶ Bien employer les deux-points

Les deux-points peuvent remplacer un connecteur en introduisant une cause ou une conséquence.

Ex. : **Tu as pris du retard : tu as été malade. (cause)**
Tu as pris du retard : je vais te donner un coup de main. (conséquence)

Corrigés p. 146

Je m'entraîne

Brouillon

Exercice 1

Ajoute les différents points manquants.

a. Que prépares-tu de bon...........

b. Quel étrange projet...........

c. Nous nous demandons quel chemin prendre...........

d. J'habite près de la rivière........... Et toi...........

e. Je dois faire un exercice de maths, un de français, un d'anglais, un d'espagnol...........

Exercice 2

Ajoute les virgules et les deux-points manquants.

a. Thomas m'a dit « J'ai déjà écrit deux romans trois poèmes et quatre comédies. »

b. Il n'avait pas fait ses lacets il est tombé.

c. Marine courant pour attraper son bus a trébuché.

d. Un beau matin enfin décidé Lucas annonça qu'il serait ébéniste.

e. Le violon la guitare la harpe voici des instruments à cordes.

Exercice 3

Réécris le texte en ajoutant les majuscules et les signes manquants.

c'étaient bien deux voitures arrêtées le cheval de l'une attaché derrière l'autre un homme avait sauté à terre
« c'est ici la mairie dit-il en s'approchant pourriez-vous m'indiquer M. Fromentin métayer à la Belle Étoile »

D'après Alain-Fournier, *Le Grand Meaulnes.*

....

....

....

....

....

....

....

....

....

Exercice 4

Relève les connecteurs qui expriment une opposition et ceux qui peuvent introduire une cause.

depuis – puisque – mais – en premier lieu – cependant – en raison de – par exemple – ensuite – par conséquent – toutefois – comme – néanmoins – pourtant – à cause

Opposition : ....

....

Cause : ....

....

Brouillon

Brouillon

Exercice 5

Complète les phrases avec les connecteurs qui conviennent.

par ailleurs – donc – puis – de plus – d'abord – c'est pourquoi

a. .... je sépare les blancs des jaunes, ... je bats les blancs.

b. Nous avons terminé nos recherches ; nous sommes .... prêts à présenter notre exposé.

c. J'ai lu *Germinal* de Zola ; .... j'ai lu un roman de Maupassant. .... j'effectue des recherches complémentaires sur le roman au XIXe siècle.

d. Je parle espagnol ; j'ai .... quelques notions de russe.

Exercice 6

Dans les passages suivants, relève les connecteurs et précise ce qu'ils expriment.

a. Le ciel s'obscurcit, puis le tonnerre gronda au loin. Alors un éclair zébra le paysage.

....

b. Le maire est retenu par une urgence. Par conséquent il ne pourra pas assister au spectacle du collège.

....

c. J'aimerais beaucoup apprendre la guitare mais je ne sais pas où m'adresser car je ne connais personne dans cette ville.

....

d. Puisque vous êtes nouveau dans ce collège, allez d'abord à l'accueil et demandez le secrétariat.

....

Corrigés des exercices

Exercice 1

a. ? **b.** ! **c.** . **d.** . puis ? **e.** …

Exercice 2

a. Thomas m'a dit : « J'ai déjà écrit deux romans, trois poèmes et quatre comédies. » **b.** Il n'avait pas fait ses lacets : il est tombé. **c.** Marine, courant pour attraper son bus, a trébuché. **d.** Un beau matin, enfin décidé, Lucas annonça qu'il serait ébéniste. **e.** Le violon, la guitare, la harpe : voici des instruments à cordes.

Exercice 3

C'étaient bien deux voitures arrêtées, le cheval de l'une attaché derrière l'autre.
Un homme avait sauté à terre.
« C'est ici la mairie ? dit-il en s'approchant. Pourriez-vous m'indiquer M. Fromentin, métayer à la Belle Étoile ? »

Exercice 4

Opposition : mais, cependant, toutefois, néanmoins, pourtant.
Cause : puisque, en raison de, comme, à cause.

Exercice 5

a. D'abord, puis. **b.** donc. **c.** de plus (ou par ailleurs), c'est pourquoi.
d. par ailleurs (ou de plus).

Exercice 6

a. Deux connecteurs temporels : *puis, Alors.*
b. Un connecteur logique : *Par conséquent* → conséquence.
c. Deux connecteurs logiques : *mais* → opposition ; *car* → cause.
d. Un connecteur logique : *Puisque* → cause ; un connecteur temporel : *d'abord.*

Traiter un sujet

Je retiens le cours

Notes

1 Le sujet

Le sujet définit ce qu'il faut faire et il doit être lu avec attention.

Le sujet s'appuie sur un texte

Il faut avoir bien compris le texte et pouvoir l'imiter (histoire, style…).

Le sujet demande d'imaginer une histoire

Il est important de bien définir ce qui doit être inventé.

Le sujet demande de développer une argumentation

Après avoir clarifié ce qui doit être soutenu, il faut chercher des arguments et des exemples précis.

2 Les critères d'évaluation

La correction de la langue

On attend une maîtrise convenable de l'orthographe, de la ponctuation, des majuscules et de la syntaxe des phrases. Une copie qui a recours à des constructions variées et à un vocabulaire recherché sera valorisée.

Le traitement du sujet

On attend de l'élève qu'il tienne compte de tous les termes du sujet et qu'il sache même tirer parti des éléments donnés. Une copie peut être « originale » à condition que ce mot ne soit pas synonyme de « hors sujet ».

La construction du devoir

Il faut construire le devoir (en suivant un **plan**) et prévoir une progression qui prépare le dénouement choisi.

Je comprends comment faire

Bien traiter le sujet

→ Il ne faut pas se précipiter, mais consacrer du temps à la **lecture de la consigne**.

→ Pour t'aider, tu peux **reformuler le sujet** en utilisant la première personne. Ainsi, « vous raconterez » devient « je raconte ».

Organiser son temps

→ Pour dégager les différentes attentes de la consigne, **souligne les mots importants**, notamment les verbes qui indiquent ce qu'il faut faire.

Ex. : **Le personnage du texte, devenu adulte, retrouve la maison où il a vécu enfant. Racontez ce retour en exprimant les sentiments éprouvés.**

→ **Prépare la copie** en respectant les consignes de présentation données par le professeur.

→ **Lis attentivement le sujet** et demande-toi : « Qu'est-ce qu'on attend de moi ? »

→ **Esquisse un plan au brouillon** en prévoyant précisément le dénouement s'il s'agit d'une narration.

→ **Si tu as le temps, rédige au brouillon** en n'écrivant qu'au recto des feuilles pour pouvoir relire et recopier facilement.

→ **Corrige** et améliore le texte : précise les paragraphes, supprime les passages inutiles, varie le vocabulaire, vérifie la ponctuation, l'orthographe et la correction des phrases. Saute une ligne après l'introduction et avant la conclusion : ton devoir sera plus clair et agréable à lire.

Relire le devoir pour corriger l'orthographe et la ponctuation

→ Vérifie les accords des adjectifs et des participes.

→ Vérifie la conjugaison des verbes et leurs accords.

→ Vérifie les homophones.

→ Vérifie la ponctuation, notamment les points et les majuscules.

→ Un conseil : relis plusieurs fois ton devoir en vérifiant des points différents, de façon aussi rigoureuse que s'il s'agissait d'une dictée.

Notes

Corrigés p. 152

Je m'entraîne

Brouillon

Exercice 1

Parmi les propositions suivantes concernant le sujet ci-dessous, coche celles qui sont exactes.

Il vous est déjà arrivé de désirer très fort, comme le narrateur, quelque chose qui vous paraissait inaccessible. Vous raconterez cette expérience, en incluant, comme dans le texte, une description.

a. Le sujet s'appuie sur le texte étudié précédemment. ☐

b. Il faut raconter ce qui est arrivé au personnage du texte. ☐

c. Le devoir est un récit qui inclut une description. ☐

d. On ne peut pas recourir au dialogue. ☐

e. Le désir évoqué ne doit jamais se réaliser. ☐

f. Il faut exprimer l'intensité du désir. ☐

Exercice 2

Lis le sujet ci-dessous, puis coche la bonne réponse.

Un personnage de votre entourage se vante de pouvoir prédire l'avenir ; il vous annonce des ennuis, mais vous constatez bientôt qu'il s'est trompé. Racontez cette rencontre en alternant récit et dialogue.

a. Le récit sera à la première personne. Vrai ☐ Faux ☐

b. Le récit sera obligatoirement au présent. Vrai ☐ Faux ☐

c. Le devoir sera entièrement un dialogue. Vrai ☐ Faux ☐

d. On pourra imaginer que le personnage a su prévoir l'avenir. Vrai ☐ Faux ☐

Exercice 3

Dans les phrases suivantes, remplace le verbe *voir* par un verbe plus précis choisi dans la liste donnée.

Verbes : scruter, deviner, examiner, épier, contempler.

a. Il voit (.....................................) la lueur d'une maison dans le lointain.

b. Je vois (.....................................) la beauté de ce coucher de soleil.

c. Ma voisine voit (.....................................) tous mes faits et gestes.

d. Le détective voit (.....................................) un détail étonnant.

e. La femme de Barbe-Bleue voit (.....................................) la route par laquelle doivent arriver ses frères.

Exercice 4

Souligne les incorrections dans les phrases suivantes. Corrige-les.

a. Il me dit entre et assieds-toi là.

....

b. Quand soudain le rocher auquel il était agrippé glissa.

....

c. Elle connaît pas son pays natal.

....

d. Il lui fit visiter le château qu'il lui avait parlé.

....

e. J'aperçus le fantôme et cours prévenir les autres.

....

Brouillon

Brouillon

Exercice 5

Réécris le texte en rétablissant la ponctuation.

Un canon qui casse son amarre devient brusquement on ne sait quelle bête surnaturelle c'est une machine qui se transforme en un monstre cette masse court sur ses roues a des mouvements de bille de billard penche avec le roulis plonge avec le tangage va vient s'arrête paraît méditer reprend sa course traverse comme une flèche le navire d'un bout à l'autre [...] et que faire comment en venir à bout

Victor HUGO.

Corrigés des exercices

Exercice 1

Les propositions exactes sont **a.**, **c.** et **f.**

Exercice 2

Seule la proposition **a.** est juste.
Il est important de centrer le devoir sur le sujet et de ne pas raconter ce qui se passe avant (la scène où le personnage se vante) ou après.

Exercice 3

a. devine. **b.** contemple. **c.** épie. **d.** examine. **e.** scrute.

Exercice 4

a. Il me dit : « Entre et assieds-toi là. » *(Il faut revoir la ponctuation des paroles rapportées.)*
b. Soudain, le rocher auquel il était agrippé glissa. *(Quand est un mot subordonnant ; or la phrase est simple.)*
c. Elle ne connaît pas son pays natal. *(I y a une double négation.)*
d. Il lui fit visiter le château dont il lui avait parlé.
e. J'aperçois le fantôme et cours prévenir les autres. / J'aperçus le fantôme et courus prévenir les autres. *(Il faut respecter la concordance des temps.)*

Exercice 5

Un canon… surnaturelle. C'est… monstre. Cette… roues, a des mouvements… billard, penche… roulis, plonge… tangage, va, vient, s'arrête, paraît méditer, reprend sa course, traverse… l'autre. […] Et que faire ? Comment en venir à bout ?

Étudier et composer une narration complexe

Notes

Je retiens le cours

1 Le texte narratif

Les cinq étapes du schéma narratif

- La situation initiale.
- L'élément perturbateur.
- Les péripéties.
- L'élément de résolution.
- La situation finale.

Le traitement du temps

- Le récit peut suivre la **progression chronologique** des événements. L'auteur raconte les événements dans l'ordre où ils se sont produits.
- Le récit peut procéder à un **retour en arrière** en racontant des événements qui se sont produits avant le début du récit.
- Le récit peut présenter une **anticipation** en mentionnant des événements qui auront lieu plus tard.
- Le récit peut omettre des périodes sans intérêt et procéder ainsi par **ellipse**.

Le récit à la 1re ou à la 3e personne

- Quand le récit est à la 3e personne, l'histoire semble se raconter toute seule.
- Si le récit à la 1re personne est véridique, si le narrateur et l'auteur sont une seule et même personne : c'est un récit **autobiographique**.
- Si le récit à la 1re personne est imaginaire, on dira que le récit est de **forme autobiographique**.

2 La pause descriptive au sein du récit

▸ La description peut donner les caractéristiques d'un paysage ou d'un objet ; quand elle s'applique à un personnage, on parle de **portrait**.

• Le **portrait physique** présente l'aspect extérieur du personnage alors que le **portrait moral** se rapporte à son intériorité (caractère, sentiments).

• Un portrait critique s'appelle un **portrait à charge**.

• Un portrait qui exagère les traits physiques ou moraux d'un personnage s'appelle une **caricature**.

Je comprends comment faire

▸ Étudier et utiliser les points de vue

Le récit et la description peuvent être faits selon différents points de vue :

→ Le narrateur semble tout savoir ; la description a l'air de s'effectuer toute seule : c'est le **point de vue omniscient** (ou **focalisation zéro**).

→ La description ou le récit est fait **du point de vue d'un personnage** qui participe à l'action : c'est le point de vue interne (ou **focalisation interne**).

→ La description ou le récit est fait **du point de vue d'un personnage extérieur à l'action** : c'est le point de vue externe (ou **focalisation externe**).

▸ Écrire un texte narratif

Pour réussir la rédaction de ton récit, pense à :

→ préciser ton texte pour que le lecteur puisse se représenter ce qui se passe ;

→ prévoir la fin de ton histoire dès que tu commences à l'écrire.

Il faut également que tu veilles à écrire une histoire logique et vraisemblable.

▸ Enrichir un texte narratif

Les paroles rapportées et les descriptions ou portraits permettent au lecteur de s'imaginer ce qui se passe. Il faut pour cela :

→ préciser le vocabulaire ;

→ développer les groupes nominaux (adjectifs, compléments du nom, subordonnées relatives) ;

→ utiliser les compléments circonstanciels.

Notes

Corrigés p. 158

Brouillon

Je m'entraîne

Exercice 1

Coche les propositions exactes.

a. Un récit fictif à la 1re personne est un récit de forme autobiographique. ☐

b. Un récit à la 1re personne est nécessairement vrai. ☐

c. Un récit est un texte de fiction. ☐

d. Un récit ne suit pas toujours la chronologie des événements. ☐

e. L'*auteur* et le *narrateur* ne sont pas deux synonymes. ☐

Exercice 2

Relie chaque indice temporel au traitement du temps correspondant.

Indices temporels	*Traitement du temps*
plus tard •	• progression chronologique
puis •	• retour en arrière
la veille •	• anticipation
ensuite •	• ellipse
deux années passèrent •	
cet événement se reproduira •	
avant leur mariage •	
demain •	

Exercice 3

Brouillon

Lis le texte et réponds aux questions.

Monsieur B. interrompit son récit pour allumer un cigare. La vive lueur de la flamme éclaira sa bouche ; un tic nerveux, qui m'avait déjà frappé auparavant, en tordait le coin droit. Ce n'était qu'un mouvement fugitif, à peine perceptible, mais il donnait à tout son visage une expression étrangement inquiète.

« […] On ne me mit pas avec ces malheureux sur lesquels on se vengeait d'un long ressentiment par des humiliations physiques et psychiques, mais dans cet autre groupe moins nombreux, dont les nationaux-socialistes espéraient tirer de l'argent ou des renseignements importants. Ma modeste personne ne présentait en elle-même aucun intérêt pour la Gestapo. […]

Au premier abord, la chambre qu'on m'assigna n'avait rien d'inconfortable. Elle possédait une porte, un lit, une chaise, une cuvette, une fenêtre grillagée. Mais la porte demeurait verrouillée nuit et jour, il m'était interdit d'avoir un livre, un journal, du papier ou un crayon. Et la fenêtre s'ouvrait sur un mur. Autour de moi, c'était le néant, j'y étais tout entier plongé. On m'avait pris ma montre, afin que je ne mesure plus le temps, mon crayon, afin que je ne puisse rien écrire, mon couteau, afin que je ne m'ouvre pas les veines […]. Je n'entendais jamais une voix humaine. »

Stefan Zweig, *Le Joueur d'échecs*, 1942.

a. À quelle personne est le récit dans le 1er paragraphe ?

Dans les deux autres ? Explique ce changement.

....

b. À quel traitement du temps correspondent les 2e et 3e paragraphes ? ....

....

c. Quel temps domine dans le dernier paragraphe ? Pourquoi ?

....

d. Surligne, dans le premier paragraphe, les particularités du visage de Monsieur B. Quelle impression se dégage ?

....

....

Brouillon

Exercice 4

Lis le texte et réponds aux questions.

Un chemin creux s'enfonçait. Tout disparut. L'homme avait à sa droite une palissade, quelque mur de grosses planches fermant une voie ferrée ; tandis qu'un talus d'herbe s'élevait à gauche, surmonté de pignons confus, d'une vision de village aux toitures basses et uniformes. Il fit environ deux cents pas. Brusquement, à un coude du chemin, les feux reparurent près de lui, sans qu'il comprît davantage comment ils brûlaient si haut dans le ciel mort, pareils à des lunes fumeuses. Mais au ras du sol, un autre spectacle venait de l'arrêter. C'était une masse lourde, un tas écrasé de constructions, d'où se dressait la silhouette d'une cheminée d'usine ; de rares lueurs sortaient des fenêtres encrassées, cinq ou six lanternes tristes étaient pendues dehors [...] ; une seule voix montait, la respiration grosse et longue d'un échappement de vapeur qu'on ne voyait point.

Émile ZOLA, *Germinal*.

a. Quels sont les temps utilisés dans ce texte ? Justifie leur emploi.

....

....

b. Délimite par des crochets les trois parties de cet extrait.

c. De quel point de vue est présentée la description ? Justifie ta réponse par un relevé complet.

....

....

d. Souligne les comparaisons en vert et les métaphores en bleu. Pourquoi Zola a-t-il recours à ces procédés ?

....

....

e. Montre, en t'appuyant sur des citations, que le paysage décrit est sinistre.

....

....

Corrigés des exercices

Exercice 1

Les propositions exactes sont **a.**, **d.** et **e.**

Exercice 2

Progression chronologique : puis, ensuite ; **retour en arrière :** la veille, avant leur mariage ; **anticipation :** cet événement se reproduira, demain ; **ellipse :** plus tard, deux années passèrent.

Exercice 3

a. Le 1er paragraphe est un récit à la 3e personne du singulier, alors que la suite du texte est à la 1re personne du singulier. Le changement est dû au fait que Monsieur B. se met à raconter son histoire.
b. Les 2e et 3e paragraphes constituent un retour en arrière par rapport au récit principal conduit au début du texte.
c. Dans le dernier paragraphe, l'imparfait domine. Il exprime l'habitude, un temps qui ne s'écoule plus, ce qui est particulièrement éprouvant pour le personnage.
d. On surligne dans le 1er paragraphe : « Monsieur B. interrompit son récit pour allumer un cigare. La vive lueur de la flamme éclaira sa bouche ; un tic nerveux, qui m'avait déjà frappé auparavant, en tordait le coin droit. Ce n'était qu'un mouvement fugitif, à peine perceptible, mais il donnait à tout son visage une expression étrangement inquiète. »
Le dernier adjectif du paragraphe résume l'impression que produit le portrait du personnage. Monsieur B. a peur ; il a traversé des épreuves qui l'ont marqué durablement. C'est ce que confirme la suite du texte.

Exercice 4

a. Les temps utilisés sont l'imparfait et le passé simple (*qu'il comprît* est un imparfait du subjonctif). L'imparfait est le temps de la description : Zola évoque le décor. Le passé simple est le temps de l'action ; il se rapporte au personnage principal et à son déplacement. **b.** 1° début → uniformes ; 2° Il fit → fumeuses ; 3° Mais au ras… → fin. **c.** La description est faite en point de vue interne, du point de vue du personnage qui se déplace : *à sa droite*, *à gauche*, *il fit environ deux cents pas*, *près de lui*, *venait de l'arrêter*. **d.** Comparaison : *pareils à des lunes fumeuses*. Métaphores : *le ciel mort, la respiration grosse et longue*. Zola a recours à ces procédés pour évoquer le côté inquiétant, fantastique du paysage ; le décor est si étrange que les mots réalistes ne suffisent pas pour l'évoquer. **e.** Le paysage décrit est sinistre parce qu'il est sombre (*tout disparut, ciel mort, rares lueurs*), écrasé (*s'enfonçait, basses, masse lourde, tas écrasé*) et sale (*encrassées*). Le décor apparaît aussi comme fermé (*palissade, grosses planches*) et monstrueux (*spectacle, silhouette, une voix montait, respiration grosse et longue*). C'est une vision négative et fantastique du monde industriel.

Étudier et composer un texte autobiographique

Notes

Je retiens le cours

1 Énonciation, communication

▸ L'**énonciation** est le fait de parler. Le message que l'on produit est un énoncé ; il peut être oral ou écrit.

▸ Le mot « **communication** » a un sens plus large : on peut communiquer par d'autres moyens que les mots, par images ou signes.

▸ Le **locuteur** (ou **énonciateur**) est la personne qui prononce l'**énoncé** (un message oral ou écrit) ; le **destinataire** (ou **récepteur**) est la personne qui le reçoit.

2 Les caractéristiques de l'écriture de soi

▸ **Les marques de la 1re personne :** pronoms personnels (*je, me, moi*...) et déterminants possessifs (*mon, ma, nos*...) de 1re personne.

▸ **Les temps de l'énonciation :** le présent, le futur simple, le passé composé.

Ex. : **Aujourd'hui, je chante ; demain je chanterai encore ; hier j'ai joué de la guitare.**

3 Les différentes formes de l'écriture de soi

▸ **Dans un journal intime**, le narrateur fait le récit des événements au jour le jour.

▸ **Dans un journal de voyage**, le narrateur fait le récit des événements et évoque des paysages au fil d'un voyage.

▸ **Le poème lyrique** est l'expression poétique des sentiments.

▸ **L'autobiographie** désigne le récit que l'on fait de sa vie quand on a atteint un certain âge et que l'analyse du passé permet de mieux comprendre ce que l'on est devenu.

▸ **Les mémoires** sont le récit que l'on fait de sa vie pour témoigner d'événements historiques.

Je comprends comment faire

Relever les indices de l'énonciation

Pour montrer qu'un énoncé est relié à l'énonciation (c'est-à-dire qu'il est rattaché au locuteur, au destinataire, au moment et au lieu de l'énonciation), on relève les **indices de l'énonciation**.

→ Les **indices personnels** désignant **le locuteur ou le destinataire** : les pronoms personnels de 1re et 2e personnes, les pronoms possessifs de 1re et 2e personnes, les déterminants possessifs de 1re et 2e personnes, les démonstratifs, les apostrophes.

Ex. : **Marie, tu as pu venir !**

→ Les **temps verbaux** qui se rattachent au moment de l'énonciation : le présent, le futur simple, le passé composé de l'indicatif. En revanche, le passé simple est un temps coupé de l'énonciation.

→ Les **indicateurs spatio-temporels** qui définissent un lieu ou un moment par rapport à l'énonciation.

Ex. : **Il habite à Paris. → Paris ne se situe pas par rapport au lieu de l'énonciation.**
Il habite ici. → ici est le lieu de l'énonciation ; cet adverbe de lieu est donc un indice de l'énonciation.

Ex. : **La Fontaine vivait au XVIIe siècle. → au XVIIe siècle ne se définit pas par rapport au moment de l'énonciation.**
Il viendra demain. → demain désigne le jour qui suit le moment de l'énonciation ; cet adverbe de temps est donc un indice de l'énonciation.

Comprendre les enjeux de l'écriture de soi

On écrit à la 1re personne pour différentes raisons :

- raconter ce qui nous est arrivé pour intéresser le lecteur ;
- analyser ce qu'on a vécu pour se comprendre soi-même ;
- exprimer et partager ses sentiments ;
- témoigner d'une période historique que l'on a vécue.

Quand on étudie ou rédige un texte dans lequel l'auteur parle de lui, il est important de bien dégager le ou les enjeux du texte.

Notes

Je m'entraîne

Corrigés p. 164

Brouillon

Exercice 1

Devine le locuteur et le destinataire des énoncés suivants.

a. Les voyageurs sont informés que le train pour Brest partira de la voie A.

....

b. Allumez vos phares dans le tunnel.

....

c. Ne pas dépasser la dose prescrite et consulter en cas de surdosage accidentel.

....

d. Sortez votre livre de mathématiques.

....

Exercice 2

Dans chacune des phrases suivantes, surligne les indices de l'énonciation.

a. Chaque été nous passons nos vacances à la campagne.

b. Je vous conseille ce livre qui devrait vous plaire.

c. Le mois prochain, notre équipe rencontrera celle de votre collège.

d. Hier, j'étais à la piscine quand tu as téléphoné chez moi ; ma sœur m'a transmis ton message ce matin.

e. Que pensez-vous de cette étrange histoire ?

Brouillon

Exercice 3

À quelle forme de l'écriture de soi ces phrases appartiennent-elles ?

a. Aujourd'hui j'ai fait la connaissance de Paul.

....

b. Nous voici à présent dans le Grand Sud ; nous commençons à apercevoir des icebergs et redoublons de vigilance.

....

c. Enfant, je n'aimais pas rester des heures à table avec les adultes. ....

Exercice 4

Lis le texte et réponds aux questions.

Mais quelqu'un est venu qui m'a enlevé à tous ces plaisirs d'enfant paisible. Quelqu'un a soufflé la bougie qui éclairait pour moi le doux visage maternel penché sur le repas du soir. Quelqu'un a éteint la lampe autour de laquelle nous étions une famille heureuse, à la nuit, lorsque mon père avait accroché les volets de bois aux portes vitrées. Et celui-là, ce fut Augustin Meaulnes, que les autres élèves appelèrent bientôt le grand Meaulnes.
Dès qu'il fut pensionnaire chez nous, c'est-à-dire dès les premiers jours de décembre, l'école cessa d'être désertée le soir, après quatre heures. Malgré le froid de la porte battante, les cris des balayeurs et leurs seaux d'eau, il y avait toujours, après le cours, dans la classe, une vingtaine de grands élèves, tant de la campagne que du bourg, serrés autour de Meaulnes. Et c'étaient de longues discussions, des disputes interminables, au milieu desquelles je me glissais avec inquiétude et plaisir.

ALAIN-FOURNIER, *Le Grand Meaulnes*, 1913.

a. Surligne les pronoms et le GN qui désignent le narrateur.

b. Quel est le personnage principal du récit ? Justifie ta réponse.

....

....

Exercice 5

Lis le texte et réponds aux questions.

C'était un passage derrière sa maison, entre un ruisseau à main droite qui la séparait du jardin et le mur de la cour à gauche, conduisant par une fausse porte à l'église des cordeliers. Prête à entrer dans cette porte, Madame de Warens se retourne à ma voix. Que devins-je à cette vue ! Je m'étais figuré une vieille dévote bien rechignée ; la bonne dame de M. de Pontverre ne pouvait être autre chose à mon avis. Je vois un visage pétri de grâces, de beaux yeux bleus pleins de douceur, un teint éblouissant, le contour d'une gorge enchanteresse.

Jean-Jacques ROUSSEAU, *Les Confessions.*

a. Surligne les mots qui montrent qu'il s'agit d'un texte autobiographique.

b. Relève les mots qui montrent que le souvenir est précis. Pourquoi ?

....

....

....

c. Souligne les verbes au présent. Quelle est la valeur de ce temps ?

....

....

....

....

d. Relève les termes mélioratifs qui se rapportent à Madame de Warens. Qu'en déduit le lecteur ?

....

....

....

....

Brouillon

Corrigés des exercices

Exercice 1

a. L : un agent de la SNCF / D : les voyageurs pour Brest. **b.** L : les responsables de la signalisation routière / D : les automobilistes. **c.** L : l'entreprise pharmaceutique / D : le malade qui a acheté le médicament. **d.** L : le professeur / D : les élèves.

Exercice 2

a. nous, nos. **b.** Je, vous, ce, vous. **c.** Le mois prochain, notre, votre. **d.** Hier, j', tu, moi, ma, m', ton, ce matin. **e.** vous, cette.

Exercice 3

a. journal intime. **b.** journal de voyage. **c.** autobiographie.

Exercice 4

a. On surligne : « Mais quelqu'un est venu qui m'a enlevé à tous ces plaisirs d'enfant paisible. Quelqu'un a soufflé la bougie qui éclairait pour moi le doux visage maternel penché sur le repas du soir. Quelqu'un a éteint la lampe autour de laquelle nous étions une famille heureuse, à la nuit, lorsque mon père avait accroché les volets de bois aux portes vitrées. Et celui-là, ce fut Augustin Meaulnes, que les autres élèves appelèrent bientôt le grand Meaulnes.
Dès qu'il fut pensionnaire chez nous, c'est-à-dire dès les premiers jours de décembre, l'école cessa d'être désertée le soir, après quatre heures. Malgré le froid de la porte battante, les cris des balayeurs et leurs seaux d'eau, il y avait toujours, après le cours, dans la classe, une vingtaine de grands élèves, tant de la campagne que du bourg, serrés autour de Meaulnes. Et c'étaient de longues discussions, des disputes interminables, au milieu desquelles je me glissais avec inquiétude et plaisir. »
b. Le personnage principal est Augustin Meaulnes. Il modifie la petite vie tranquille du narrateur et de ses proches. On voit qu'il est le centre d'intérêt de tous, des élèves comme du narrateur. Ce dernier semble même écarté puisqu'il ne fait que se glisser dans le groupe qui entoure le nouvel élève. Le narrateur éprouve le besoin de parler de ce personnage car il a joué un rôle essentiel dans son histoire personnelle : son arrivée marque la fin de l'enfance.

Exercice 5

a. ma, je (trois fois), mon. **b.** Les indicateurs de lieu : *derrière, entre, à main droite, à gauche*. Les détails : *une fausse porte, de beaux yeux bleus, un teint éblouissant, une gorge enchanteresse*. Le souvenir est précis parce que l'événement a compté pour le narrateur. C'est une scène de première rencontre amoureuse.
c. *Se retourne, vois*. Il s'agit d'un présent de narration qui met en valeur les moments importants et rend présent le souvenir. **d.** *Pétri de grâces, beaux, douceur, éblouissant, enchanteresse* : le lecteur devine que le narrateur est tombé amoureux de madame de Warens.

Étudier et composer un texte argumentatif

Je retiens le cours

1 Le texte argumentatif

▶ Un texte argumentatif est un texte dans lequel un auteur (un narrateur ou un personnage) **soutient son point de vue sur un sujet**, défend son opinion pour emporter l'adhésion de son lecteur.

▶ L'auteur essaie de **convaincre** en développant des **arguments**, souvent illustrés par des **exemples**. L'auteur essaie également de **persuader** grâce à différents procédés de style (**procédés de rhétorique**).

▶ **Thèse :** point de vue que l'auteur défend ; elle est sous-entendue tout au long du texte et soutenue par des arguments.

▶ **Antithèse :** thèse contraire à la thèse soutenue par l'auteur.

▶ **Argument :** idée qui tend à prouver que la thèse est fondée ; un texte développe souvent plusieurs arguments pour soutenir la thèse.

▶ **Exemple :** situation particulière ou événement présenté pour illustrer l'argument et ainsi rendre clair ce qui est démontré.

▶ **Argumenter :** développer des arguments pour soutenir une thèse donnée.

▶ **Réfuter :** développer des arguments qui s'opposent à un argument, à plusieurs arguments, ou à une thèse.

▶ **Discuter :** montrer en quoi une thèse est fondée et en quoi elle ne l'est pas ; développer des arguments en faveur d'une thèse donnée mais aussi en faveur de la position contraire.

Notes

2 Traiter un sujet argumentatif

▶ Dans une forme purement argumentative (essai ou article de journal) ou bien dans un dialogue ou une narration, la rédaction présente un ou plusieurs points de vue. Il s'agit **d'organiser** une réflexion en utilisant notamment des **connecteurs logiques**, de développer des **arguments** et de les illustrer avec des **exemples** précis.

▶ Chaque **paragraphe** développe un argument et les exemples qui l'illustrent.

▶ Les **connecteurs** *(de plus, par ailleurs, enfin…)* introduisent les paragraphes.

Je comprends comment faire

▶ Rédiger un texte argumentatif

→ Avant de rédiger le devoir il faut, au brouillon, rechercher les **arguments** et les **exemples** à développer. Ces arguments seront présentés dans le devoir par **ordre inverse d'importance** : du moins important au plus important.

→ Qu'il s'agisse d'une narration ou d'un dialogue, le devoir compte trois parties : l'introduction, le développement et la conclusion.

• **L'introduction** présente le sujet et annonce le plan suivi. Elle pose le problème.

• **Le développement** comprend plusieurs parties constituées de paragraphes ; chaque paragraphe développe une idée en s'appuyant sur des exemples.

• **La conclusion** rassemble ce qui a été montré et élargit la réflexion.

→ Quand l'argumentation est insérée dans une narration, une lettre, un dialogue, il faut bien entendu adapter ce plan traditionnel à la consigne pour composer un devoir le plus naturel possible.

Notes

Corrigés p. 170

Je m'entraîne

Brouillon

Exercice 1

Complète les phrases suivantes avec le connecteur logique qui convient : *parce que, mais, tandis que, comme, donc.*

a. .... les hommes ont besoin les uns des autres, la vie est nécessairement sociale.

b. Certains se sentent incompris .... personne ne prend le temps de les écouter.

c. Nous sommes tous habitants de la même planète ; nous devons .... être solidaires.

d. Copernic a dit que la Terre tournait autour du Soleil, ... personne ne l'a cru.

e. Certains aiment une vie paisible .... d'autres préfèrent tenter l'aventure.

Exercice 2

Lis le sujet ci-dessous, puis coche la bonne réponse.

Pensez-vous que la connaissance du passé familial soit une source d'enrichissement personnel ou bien trouvez-vous qu'elle ne présente que peu d'intérêt ? Imaginez que vous rédigez pour un journal un article développant, de manière argumentée, votre point de vue.

	V	F
a. Le passé familial peut être lié à des événements historiques.	☐	☐
b. On peut évoquer son goût pour la généalogie.	☐	☐
c. Il faut illustrer les arguments à l'aide d'exemples.	☐	☐
d. Il s'agit d'écrire un article de presse.	☐	☐

Exercice 3

Associe chaque argument à l'exemple qui l'illustre.

Arguments en faveur du progrès technique

1. Il facilite la vie quotidienne.

2. Il sauve des vies.

3. Il favorise notre connaissance de l'Univers.

4. Il facilite la communication entre les hommes.

Arguments dénonçant le progrès technique

5. Il a permis aux guerres de devenir mondiales.

6. Il déshumanise les relations.

Exemples

a. Internet est un réseau mondial.

b. Les missiles accomplissent des milliers de kilomètres très rapidement.

c. Le taux de guérison des cancers ne cesse d'augmenter.

d. Les villages ont été remplacés par de grandes cités.

e. La construction de télescopes géants nous permet de mieux comprendre nos origines.

f. Sans l'électricité, notre vie serait très compliquée.

1. .... 2. .... 3. .... 4. .... 5. .... 6. ....

Brouillon

Exercice 4

Propose les grandes lignes des plans correspondant aux deux sujets suivants.

a. *Dans* La Promesse de l'aube *de Romain Gary, la mère décide à la place de son fils. Imaginez un dialogue entre une mère, qui ressemble à celle de Romain Gary, et son fils qui, lui, soutient que les parents ne doivent pas intervenir dans les projets ou les choix importants de la vie de leurs enfants. Vous exposerez de manière organisée les points de vue et arguments de chaque personnage.*

....

....

....

....

....

....

....

b. *Quels sont les héros (ou les héroïnes) de votre enfance, de votre adolescence ? Présentez-les et donnez les raisons de votre intérêt. Quelles sont les conséquences de la fréquentation de ces êtres dans votre vie quotidienne ?*

....

....

....

....

....

....

....

Brouillon

Corrigés des exercices

Exercice 1

a. comme. **b.** parce que. **c.** donc. **d.** mais. **e.** tandis que.

Exercice 2

Toutes les propositions sont vraies.

Exercice 3

1-f. 2-c. 3-e. 4-a. 5-b. 6-d.

Exercice 4

a. Le dialogue entre une mère et son fils permet d'exprimer deux thèses opposées, celle de la mère qui souhaite intervenir et celle du fils qui revendique sa liberté. Le dialogue est constitué d'un échange d'arguments. On pourra adopter la progression suivante :

– *La mère :* Les parents agissent par affection et non par abus de pouvoir.
– *Le fils :* Les parents voudraient que leurs enfants réalisent leurs propres rêves : or, les enfants doivent mener leur propre vie.
– *La mère :* Les parents veulent communiquer à leurs enfants leurs expériences personnelles. Ils ont eux-mêmes rencontré des difficultés et peuvent guider leurs enfants.
– *Le fils :* L'expérience des parents est inutile pour les enfants ; ils doivent affronter eux-mêmes les difficultés et trouver eux-mêmes les solutions qui leur conviennent.

b. Le sujet a trois attentes successives : le choix des héros, les raisons de ce choix, l'influence sur la vie quotidienne. Ces trois points doivent être envisagés l'un après l'autre :

– les héros : choisir des personnages réels ou fictifs que l'on connaît bien pour pouvoir en parler ;
– les raisons : montrer ce que l'on admire dans ces héros (pouvoir supérieur, courage, générosité…) ;
– l'influence sur la vie quotidienne : penser à ces héros (fictifs) permet d'échapper aux difficultés du quotidien en vivant des aventures imaginaires ; penser à ces héros (réels) oriente le quotidien car on veut leur ressembler.

Sujet du Brevet

Quelques années après la Seconde Guerre mondiale, le narrateur évoque son séjour dans un camp de prisonniers et se souvient avec tendresse de son ami Robert, avec lequel il partageait le même block.

Un jour, par exemple, il était entré dans le block[1] mimant l'attitude d'un homme qui donne le bras à une femme. Nous étions écroulés dans nos coins, sales, écœurés, désespérés ; ceux qui n'étaient pas trop claqués geignaient, se plaignaient et blasphémaient à haute voix. Robert traversa la baraque, continuant à offrir le bras à la femme imaginaire, sous nos regards médusés, puis il fit le geste de l'inviter à s'asseoir sur son lit. Il y eut, malgré le marasme général, quelques manifestations d'intérêt. Les gars se soulevaient sur un coude et regardaient avec ahurissement Robert faire la cour à sa femme invisible. Tantôt il lui caressait le menton, tantôt il lui baisait la main, tantôt il lui murmurait quelque chose à l'oreille et il s'inclinait de temps en temps devant elle, avec une courtoisie d'ours ; à un moment, apercevant Janin, […] qui se grattait les poils, il s'approcha de lui et lui jeta de force une couverture […].

– Quoi ? piailla Janin. Qu'est-ce qui te prend ? J'ai plus le droit de me gratter ?

– Un peu de tenue, nom de nom, gueula Robert. Il y a une grande dame parmi nous.

– Hein ? Quoi ?

– T'es fou ?

– Quelle dame ?

– Naturellement, dit Robert entre ses dents. Ça ne m'étonne pas… Y en a parmi vous qui font semblant de ne pas la voir, n'est-ce pas ? Ça leur permet de rester sales entre eux…

Personne ne dit rien. Il était peut-être devenu fou, mais il avait encore à ce moment-là des poings solides, devant lesquels les prisonniers de droit commun[2] eux-mêmes se taisaient respectueusement. Il revint auprès de sa grande dame imaginaire et lui baisa tendrement la main. Puis il se tourna vers les copains complètement ahuris, qui le regardaient, la gueule ouverte :

– Bon. Alors, je vous préviens : à partir d'aujourd'hui, ça va changer. Pour commencer, vous allez cesser de pleurnicher. Vous allez essayer de vous conduire devant elle comme si vous étiez des hommes. Je dis bien « comme si » – c'est la seule chose qui compte. Vous allez me faire un sacré effort de propreté et de dignité ; sans ça, je cogne. Elle ne tiendrait pas un jour dans cette atmosphère puante, et puis nous sommes français, il faut se montrer galants et polis. Et le premier qui manque de respect, qui lâche un pet, par exemple, en sa présence, aura affaire à moi…

On le regardait, bouche bée, en silence. Puis quelques-uns commencèrent à comprendre. Il y eut quelques rires rauques, mais tous nous ressentions confusément qu'au point où nous en étions, s'il n'y avait pas une convention de dignité quelconque pour nous soutenir, si on ne s'accrochait pas à une fiction, à un mythe, il ne restait plus qu'à se laisser aller, à se soumettre à n'importe quoi et même à collaborer. À partir de ce moment-là, il se passa une chose vraiment extraordinaire : le moral du block K remonta soudain de plusieurs crans.

Romain Gary, *Les Racines du ciel*, Gallimard, 1954.

1. Dans le langage du camp, « baraque de détenus ».
2. Prisonniers condamnés pour un délit et non pour leurs opinions ou leurs croyances, ni comme prisonniers de guerre.

Partie I : travail sur le texte littéraire

QUESTIONS

50 points

Compréhension et compétences d'interprétation (27 points)

1. Quel est le comportement habituel des prisonniers avant l'intervention de Robert ? Justifiez votre réponse en relevant trois éléments dans l'ensemble du texte. **(4 points)**

2. Comment Robert fait-il croire à la présence d'une femme ? **(2 points)**

3. Pourquoi les camarades de Robert l'écoutent-ils sans protester ? **(3 points)**

4. a) « Vous allez me faire un sacré effort de propreté et de dignité ; sans ça, je cogne. » (l. 24-25) ; « Et le premier qui manque de respect, qui lâche un pet, par exemple, en sa présence, aura affaire à moi… » (l. 26-27). Quels sont les différents niveaux de langue utilisés dans ces deux phrases ? **(2 points)**
b) Pourquoi, dans son discours, Robert mêle-t-il les niveaux de langue ? **(2 points)**

5. La réaction du groupe face à l'invention de Robert évolue. Quelles en sont les étapes successives ? Justifiez votre réponse en citant des éléments du texte. **(6 points)**

6. De quels risques cette fiction de la « grande dame imaginaire » (l. 20) protège-t-elle le groupe ? **(3 points)**

7. « Nous étions écroulés […] à haute voix » (l. 2-3).
a) Après quel mot de cette phrase aurait-on pu placer un point permettant d'obtenir deux phrases ? **(1 point)**
b) Relevez les deux énumérations présentes dans cette phrase. **(2 points)**
c) Sur quoi le narrateur cherche-t-il à insister ? **(2 points)**

Grammaire et compétences linguistiques (23 points)

8. « S'il n'y avait pas une convention de dignité quelconque pour nous soutenir, si on ne s'accrochait pas à une fiction, à un mythe » (l. 30-31).
a) Donnez la fonction précise de ces deux propositions subordonnées conjonctives. **(2 points)**
b) En vous aidant de la fin de la phrase, expliquez l'expression « une convention de dignité ». **(2 points)**

9. a) Comment est formé le mot « désespérés » (l. 2) ? **(1 point)**
b) En quoi s'applique-t-il à l'état d'esprit des prisonniers ? **(2 points)**

10. a) Dans la phrase « Tantôt il lui caressait le menton, tantôt il lui baisait la main, tantôt il lui murmurait quelque chose à l'oreille et il s'inclinait de temps en temps devant elle, avec une courtoisie d'ours » (l. 7 à 9), relevez le complément circonstanciel de manière. **(1 point)**
b) Expliquez le sens de l'expression relevée. **(2 points)**

11. « Nous sommes français, il faut se montrer galants et polis » (l. 26).
a) Transformez ce passage de manière à mettre en évidence le rapport logique entre les deux propositions. **(1 point)**
b) Nommez le rapport logique. **(1 point)**
c) Identifiez la nature grammaticale de l'outil que vous avez utilisé. **(1 point)**

12. Réécrivez le texte suivant comme si c'était Robert qui racontait, en remplaçant « il » (l. 1) par « je » et en remplaçant « Nous » (l. 2) par « Ils » :

« Un jour, par exemple, il était entré dans le block mimant l'attitude d'un homme qui donne le bras à une femme. Nous étions écroulés dans nos coins, sales, écœurés, désespérés [...]. Robert traversa la baraque, continuant à offrir le bras à la femme imaginaire, sous nos regards médusés, puis il fit le geste de l'inviter à s'asseoir sur son lit. » **(10 points)**

DICTÉE 10 points

Je dois vous dire aussi que j'ai contracté, en captivité, une dette envers les éléphants dont j'essaye seulement de m'acquitter. C'est un camarade qui avait eu cette idée, après quelques jours de cachot – un mètre dix sur un mètre cinquante – ; alors qu'il sentait que les murs allaient l'étouffer, il s'était mis à penser aux troupeaux d'éléphants en liberté – et, chaque matin, les Allemands le trouvaient en pleine forme, en train de rigoler : il était devenu increvable.

Romain Gary, *Les Racines du ciel*, Gallimard, 1954.

Écrire au tableau : « acquitter ».

Partie II : rédaction

TRAVAIL D'ÉCRITURE 40 points

Vous traiterez au choix le sujet A ou B.

Sujet A : Imagination

Romain Gary raconte comment un événement inattendu a modifié le comportement des prisonniers.

À votre tour, composez un récit de forme autobiographique au cours duquel une situation inattendue vous a amené(e) à changer d'attitude.

Sujet B : Réflexion

La politesse et le respect des autres vous semblent-ils indispensables pour vivre en société ? Vous répondrez à cette question en vous appuyant sur votre expérience, vos lectures et votre culture personnelle.

Corrigé

QUESTIONS

Compréhension et compétences d'interprétation

1. Avant que n'intervienne Robert, l'attitude des prisonniers est très négligée. « Désespérés » par leur condition sans avenir, ils se laissent aller et semblent même perdre leur dignité (« geignaient [...] et blasphémaient à haute voix ») sans se soucier des autres (« qui se grattait les poils ») Robert fait plusieurs allusions à leur mode de vie relâché : « rester sales entre eux » ; « qui manque de respect, qui lâche un pet ».

2. Robert fait croire à la présence d'une femme en se comportant comme s'il était en sa compagnie. On le voit lui « caress[er] le menton » ou lui « murmur[er] quelque chose à l'oreille ». Tout au long du texte, il agit comme si « sa grande dame imaginaire » était dans la pièce, si bien que ses camarades se demandent au début s'il n'est pas devenu fou.

3. Les camarades du block écoutent Robert sans protester, car ils craignent sa force et n'ont pas envie de la subir : « il avait encore à ce moment-là des poings solides devant lesquels les prisonniers de droit commun eux-mêmes se taisaient respectueusement ». Cette menace est concrétisée par les propos mêmes de Robert : « Et le premier qui manque de respect, qui lâche un pet, par exemple, en sa présence, aura affaire à moi… »

4. a) Dans les deux phrases, le niveau de langue courant (« effort de propreté et de dignité », « le premier qui manque de respect ») côtoie un niveau de langue familier (« sans ça, je cogne » ; « qui lâche un pet »).
b) Robert emploie le niveau de langue familier pour bien se faire comprendre de ses camarades et affirmer son autorité (« sans ça, je cogne »), et le niveau courant pour inviter les prisonniers à s'élever et à se comporter avec dignité.

5. La réaction des prisonniers face à l'intervention de Robert évolue au fil du texte. Au début, ils sont surpris : « quelques manifestations d'intérêt », « regardaient avec ahurissement ». La surprise devient ensuite protestation : « J'ai plus le droit de me gratter ? » Mais cette opposition est réduite en raison de la force de Robert et, après avoir émis l'hypothèse que leur compagnon était devenu fou, les prisonniers se soumettent à son autorité : « Personne ne dit rien. »
À la fin du texte, « quelques-uns » ont compris ce que signifiait l'attitude de Robert ; d'autres le pressentent seulement vaguement : « tous nous ressentions confusément ». À partir de ce moment-là, le comportement de Robert est adopté, ce qui a un effet bénéfique sur le moral des prisonniers.

6. La fiction de la « grande dame imaginaire » protège le groupe d'un éventuel renoncement. En se laissant aller comme ils le font au début du texte, les prisonniers risquent de perdre leur dignité et de tout accepter : « il ne restait plus qu'à se laisser aller, à se soumettre à n'importe quoi et même à collaborer ». La fiction imaginée par Robert permet au groupe de continuer à lutter et évite le risque du désespoir et de la déshumanisation.

7. a) La phrase de Romain Gary est formée de deux parties qui auraient pu être séparées par un point. On aurait ainsi : « Nous étions écroulés dans nos coins, sales, écœurés, désespérés. Ceux qui n'étaient pas trop claqués geignaient, se plaignaient et blasphémaient à haute voix. »
b) Cette phrase présente deux énumérations. La première est une énumération de trois participes passés et d'un adjectif : « écroulés [...], sales, écœurés, désespérés ». La seconde est une énumération de verbes à l'imparfait : « geignaient, se plaignaient et blasphémaient ».
c) Dans cette phrase, le narrateur souligne la vie misérable (« sales », « claqués ») et surtout le désespoir des prisonniers : ils sont « désespérés » et on les entend exprimer leur souffrance (« geignaient ») ou leur révolte (« blasphémaient »).

Grammaire et compétences linguistiques

8. a) Les deux propositions subordonnées conjonctives introduites par « si » ont pour fonction d'être des compléments circonstanciels de condition.

b) L'expression « une convention de dignité » suppose un accord entre les prisonniers pour se comporter dignement, c'est-à-dire comme ils le faisaient en société avant d'être emprisonnés. Cet accord permet de retrouver un mode de vie social associant respect de l'autre et politesse. Cette dignité retrouvée grâce à la fiction de la « grande dame » sauve le moral du groupe et lui permet de continuer la lutte et de survivre.

9. a) Le mot *désespéré* est formé du radical *esper*, que l'on retrouve, modifié, dans *espoir* ou *espérance*, du préfixe négatif *dé-* et du suffixe *-é* qui indique le participe passé.
b) Le participe passé « désespérés » s'applique à l'état d'esprit des prisonniers, car il montre que leur souffrance leur semble sans fin et sans issue. Leur moral est au plus bas.

10. a) Dans la phrase « Tantôt il lui caressait le menton, [...] courtoisie d'ours », le complément circonstanciel de manière est « avec une courtoisie d'ours ».
b) Ce complément associe deux mots très différents, voire opposés, et constitue presque un oxymore (procédé de style qui consiste à associer deux mots de sens opposé) exprimant l'attitude peu naturelle de Robert. Comme le ferait un ours pataud et peu habitué à parler aux femmes, il exagère son attitude de façon, sans doute, à surprendre ses camarades.

11. a) Le passage « nous sommes français, il faut se montrer galants et polis » peut être réécrit en explicitant le lien logique qui unit les deux propositions : « Comme nous sommes français, il faut se montrer galants et polis ».
b) et **c)** Le lien mis en avant est un lien de cause à conséquence. Nous avons remplacé les deux indépendantes qui constituaient la phrase par une proposition subordonnée conjonctive circonstancielle de cause introduite par « comme » (ou « étant donné que ») et suivie d'une proposition principale.

12. Je réécris un passage du texte de Romain Gary en modifiant le point de vue ; je remplace « il » par « je » et « Nous » par « Ils ». Les modifications sont soulignées.

« Un jour, par exemple, j'étais entré dans le block mimant l'attitude d'un homme qui donne le bras à une femme. Ils étaient écroulés dans leurs coins, sales, écœurés, désespérés [...]. Je traversai la baraque, continuant à offrir le bras à la femme imaginaire, sous leurs regards médusés, puis je fis le geste de l'inviter à s'asseoir sur mon lit. »

TRAVAIL D'ÉCRITURE

Sujet A : Imagination

Tout a basculé le 17 septembre à 9 h 20 très exactement. Tout, c'est-à-dire mes relations avec les adultes, avec l'école, jusqu'à ma façon de me regarder moi-même, ou plutôt de ne pas me regarder.
Jusqu'au 17 septembre, 9 h 19, j'étais un élève paresseux et mes résultats étaient médiocres. Lorsque je devais effectuer une recherche, je me contentais de taper le mot sur le clavier de l'ordinateur puis de cliquer sur « Imprimer ». Et je glissais la feuille encore tiède n'importe où dans mon cartable, de sorte que seul le hasard me permettait parfois de remettre la main dessus. Ainsi, je n'avais souvent rien à présenter le jour J et, s'il s'agissait de la biographie d'un peintre pour le cours d'art plastique, j'étais incapable de dire un seul mot au sujet de l'artiste. Le résultat était toujours le même : un mot sur le carnet. Il y avait des mots pour les exercices non faits en mathématiques, pour les schémas non légendés en SVT, pour les leçons non sues en géographie. Et, bien entendu, il y avait aussi des mots pour les mots non signés... Quelques fausses signatures me tiraient provisoirement d'embarras et je racontais à la maison que j'allais faire un exposé chez un camarade lorsque j'étais en retenue. Mes parents trouvaient que les professeurs donnaient beaucoup d'exposés et moi que les heures de retenue étaient bien désagréables. Mais, au lieu de tirer des conclusions de tout cela, je continuais à échafauder mensonge sur mensonge, tel un équilibriste de cirque qui pose un vase sur une assiette, puis une lampe, puis une soupière... Mes parents avaient bien été convoqués, j'avais bien passé quelques quarts d'heure pénibles dans le bureau du CPE, du principal adjoint, du principal ; mais j'étais resté aussi immobile et sourd qu'un rocher.
Ainsi se déroula mon année de 4e et ainsi débuta celle de 3e, jusqu'à cette minute mémorable du jeudi 17 septembre. Je parle de « minute » mais, en réalité, il a suffi de quelques petites secondes pour tout faire basculer.

À 9 h commença le cours de mathématiques. Madame Hunaut était une dame qui aurait pu être ma grand-mère, avec un chignon et un air ennuyeux qui allaient bien, selon moi, avec la matière… Nous avions des exercices et, bien entendu, je ne les avais pas faits. Ayant ouvert sur ma table, comme mes camarades, mon livre et mon cahier, j'attendais que l'heure s'écoule. Un élève vint au tableau corriger le premier exercice et le professeur nous invita à noter soigneusement la correction si nous nous étions trompés. Comme je n'avais rien écrit, je ne pouvais pas m'être trompé et j'estimais donc ne rien avoir à corriger. À 9 h 19, Madame Hunaut m'appela pour corriger au tableau le deuxième exercice. Je sursautai, comme étonné qu'elle pût avoir l'idée de s'adresser à moi. Je rougis sans doute un peu, sentant venir le mot sur le carnet, le problème de la signature, le second mot et finalement la retenue. Mais rien de tout cela ne se passa. À 9 h 20, Madame Hunaut se contenta de me regarder d'un air étonné ou déçu et de me dire sans élever la voix :

– Mais pourquoi ne faites-vous pas votre travail ? Vous ne pourrez jamais progresser !

Puis elle envoya un autre élève au tableau sans me jeter un seul regard. Je restai figé, comme si le collège avait été pris dans une épaisse gelée. La question qu'elle m'avait posée retentissait indéfiniment dans ma tête : pourquoi n'avais-je pas fait mon travail ? pourquoi n'avais-je pas… Et je n'avais pas de réponse à cette question ! J'étais devenu une sorte d'étranger à moi-même ; je ne comprenais pas pourquoi le jeune homme assis sur sa chaise ne faisait pas ses exercices, n'apprenait pas ses leçons, accumulait les mots sur son carnet...

À la fin du cours, dans un dernier espoir pour renouer avec mon passé de mauvais élève, je m'approchai du bureau et tendis mon carnet au professeur. Elle me regarda d'un air encore plus surpris.

– C'est pour l'exercice que je n'ai pas fait, bredouillai-je, espérant retrouver la logique du collège.

– Vous voulez que je fasse cet exercice sur votre carnet ?

– Non, non ; c'est pour que vous notiez que je ne l'ai pas fait.

– Le noter ? Pourquoi ? Cela ne concerne que vous et vous savez bien que vous ne l'avez pas fait ; alors cela ne sert à rien de le noter !

– Mais mes parents…, tentai-je une nouvelle fois.

– Vos parents ? Mais ils savent bien ce que vous faites ou ne faites pas et cela ne change en rien leur vie. Il n'y a que vous dans cette histoire ! Vous vous punissez vous-même en ne les faisant pas.

– Et vous ? Cela ne vous fait rien ? demandai-je à court d'arguments.

Devant mon air étonné, elle éclata de rire.

– Cela me désole pour vous et j'aime bien que tous mes élèves réussissent, mais vous comprenez bien que je n'ai pas besoin de cet exercice pour progresser en mathématiques… Mais pour vous c'est différent… Vous avez sans doute besoin de ces exercices ainsi que de mon aide. Ce n'est pas plus compliqué que ça !

Les joues en feu, je rangeai fébrilement mon carnet dans mon cartable et je sortis. Ce n'était pas plus compliqué que ça ! Et pourtant je n'avais jamais pris conscience de cette évidence avant cette minute décisive. Les menaces, les punitions et les discours n'avaient servi à rien. Il avait suffi de déchirer le voile, de me montrer simplement qu'en me comportant ainsi je me privais de la possibilité de m'affirmer, de comprendre, de trouver ma place dans le monde.

Le 18 septembre, bravant le regard ironique de mes camarades qui n'en revenaient pas, je levai le doigt pour corriger un exercice de mathématiques. Je m'étais trompé mais cela faisait partie de l'apprentissage et n'avait pas d'importance. Une page était tournée ; quant aux suivantes, c'était à moi de les écrire.

Sujet B : Réflexion

Votre devoir pourra développer les arguments suivants :

I. La politesse est un code de conduite, à la manière du code de la route. Quand le code est respecté, tout le monde se sent en sécurité.

II. La politesse et le respect que l'on me manifeste me permettent de me rapprocher des autres et de les aider s'ils en ont besoin.

III. La politesse et le respect nous permettent de nous découvrir les uns les autres sans violence : les autres sont différents et nous avons beaucoup à apprendre de cette différence.

Chaque argument fera l'objet d'un paragraphe. Le devoir commencera par une introduction et se terminera par une conclusion.

Achevé d'imprimer en Espagne par Macrolibros
Dépôt légal : Décembre 2018 - Collection n° 20 - Édition 01
73/1672/9